www.vulkani.rs
office@vulkani.rs

ISBN 978-86-10-04908-4

ČUVAMO PRIRODU

Ova knjiga štampana je na prirodnom recikliranom papiru od drveća koje raste u održivim šumama. Proces proizvodnje u potpunosti je u skladu sa svim važećim propisima Ministarstva životne sredine i prostornog planiranja Republike Srbije.

MIODRAG MAJIĆ

U IME NARODA
I NOVE PRIČE

VULKAN
IZDAVAŠTVO

Beograd, 2023.

PREDGOVOR

U ime književnosti

Slučaj gospodina Miodraga Majića, sudije, javnog kritičara i pisca, toliko je složen i sadržajan da nema kome da bude dodeljen. To je vrlo dobro za gospodina Majića, ali ne zato da mu ne bi bilo pravično presuđeno, već zato što je raznolikost njegovog delovanja, koju nije moguće objediniti u jednom sudu, posebna vrlina. Njegovu prozu valja prosuđivati i književnokritički i kulturološki. O njoj se može govoriti sa stanovišta politike i ideologije, ali je ne treba svoditi na jedan od oblika njegovog javnog delovanja. Ona je poseban slučaj, iako je na različite načine povezana sa njegovim pravničkim i sudijskim iskustvom, javnim delovanjem i političkim stanovištem. Sudija i doktor pravnih nauka u poslednjih nekoliko godina izrastao je u pisca veoma popularnih proznih dela.

Prva njegova prozna knjiga *U ime naroda*, i ne samo ona, nije čista fikcija. Ona seže u polje realnog iskustva i zadire u tkivo pravnog sistema i sudske prakse. Ima u njoj previše saznanja i iskustava koja je, avaj, morao da stekne bezmalo svako ko je imao pravnog posla sa ovom državom, ili onim što je od nje ostalo. Kada se svakome od nas čini da znamo o čemu govore ove proze, možete misliti šta je sve tek video i šta sve o ovome zna istaknuti sudija Apelacionog suda. On, međutim, krajnje skrupulozno, i u ovoj i u drugim knjigama, vodi računa o tome gde je granica dozvoljenog transfera. I to ne iz strogo formalnih, pravno zasnovanih razloga, već zato što ima potrebu za uopštavanjem, koje raskriva mentalitet i sistem, a ne pojedinačne probleme i groteskne scene iz sudnice. U srazmeri iskustva i uopštavanja, njegova proza se susreće sa njegovim pravnim studijama i priručnicima. Sve to gradi celovit stvaralački, naučni i stručni profil jedne istaknute javne ličnosti.

Osim što je napisao prozna dela *U ime naroda*, *Deca zla*, *Ostrvo pelikana* i *Rudnik*, dr Majić je autor i ovakvih knjiga: *Veština pisanja prvostepene krivične presude: priručnik za krivične sudije i pripremu praktičnog dela pravosudnog ispita*, *Krivično procesno pravo: praktikum za pripremu pravosudnog ispita*, *Primena međunarodnog krivičnog prava u nacionalnim pravnim sistemima* (disertacija), *Ratni zločin u međunarodnom krivičnom pravu* – i čitavog niza stručnih članaka i naučnih studija, koje ovde ne možemo redom navoditi. Sudija, doktor i pisac Majić je javna ličnost i strog kritičar, koji izvan partijskog angažmana vrlo resko i jasno opoziciono nastupa i govori, pri tome vodeći računa o svom mestu i ulozi u sudskom sistemu, i o gospodstvu u javnom nastupu, što je postalo retkost, i to ne samo kod nas. Ne morate se sa njim u svemu složiti, ali ga svakako morate respektovati i njegove prigovore ne možete odbaciti zato što će se u njima pojaviti i dominirati partijski ili lični interesi.

Majićeva literarna apelacija, da tako nazovem knjige koje su se pojavile jedna za drugom, i zbog toga je privukla veliku pažnju. U nas je politički marketing uvek mnogo efikasniji od književnog života. No proza Miodraga Majića nije utilitarna i nije deo političke akcije. To nije propagandna literatura, premda ona ima izvesnu političku boju koja ne želi da bude boja dnevne politike, čak ni onda kada se tragovi stvarnih političkih dešavanja u njoj lako prepoznaju. Njegova proza ima šire vidike i veću potrebu za afirmacijom dobra, u njoj postoji humanistička težnja za korigovanjem društvenih aberacija. Upravo zbog nivoa literarizacije, koji narasta iz knjige u knjigu, javlja se pitanje odnosa između pravničkog sveta i književnosti, koji nije beznačajan u našoj kulturnoj istoriji.

U istoriji srpske književnosti gospodin Majić ima veoma lepo društvo pravnika. Istorija srpske književnosti pamti ne samo čudesnog Lazu Kostića, za kojeg će malo ko pomisliti da je bio pravnik, a on je prevodio pravne spise sa latinskog, uzvikivao kako dobro poznaje Pandekta i kao doktor prava hteo da postane profesor, ili Jakova Ignjatovića, čija se pravnička karijera ugasila zbog političkog angažmana u vreme Revolucije iz 1848. godine. Ako pogledate ovu dvojicu divova srpske književnosti, koji su u isto vreme, ali ne i na isti način i sa istim ciljem, politički delali, kada znamo njihov značaj i popularnost njihovih dela, teško je poverovati da su obojica na kraju života bili odbačeni, usamljeni i potcenjeni. Valja i to imati na umu u zemlji Srbiji. Duga istorija ukrštanja pravnika i pisaca ne završava se knjigama koje govore o sopstvenom iskustvu, svojevrsnim spomenicima samima sebi, kakve su napisali, na primer, Veljko Guberina i Toma Fila. Ima tu potrebe i potrage za književnošću, kao u prozi Strahinje Kastratovića i Đorđa Sibinovića, koji je i nagrađeni pesnik. Pravo je diplomirao i Vladimir Pištalo, ali i Aleksandar Vulin (autor, nećete verovati, *Opadanja*, *Lepote* i *Mraka*, prevedenog na ruski)… Kuriozum svoje vrste je i da je profesor emeritus Dragan Stojanović, germanista i komparatista, koji je ostavio pečat na generacijama studenata Filološkog fakulteta, od studentskih dana inače pesnik, a posle i prozaista, čija dela su poslednjih godina dobila najviše književne nagrade (poput nagrada *Ivo Andrić*, *Isidora Sekulić* i drugih), takođe diplomirani pravnik. Ima nečega između pravnika i pisanja, kao i između lekara i književnosti, pa su među književnicima i doktori, od Zmaja, Laze Lazarevića i Vladana Đorđevića do Miodraga Pavlovića i Gorana Milašinovića, Đorđa Jakova i Nenada Šaponje.

U stvarima književnosti sasvim je irelevantno što sudija Majić ima i više nego lepu stručnu reputaciju, što kolege, pa čak i oponenti, govore o njemu sa izrazitim uvažavanjem. U stvarima književnosti je irelevantno i to što je gospodin Majić istovremeno istaknuta opoziciona figura, strog i glasan kritičar, koji ume da izazove, pomalo i ugrozi, i najvišu vlast. U svemu tome književnost i pisanje mu možda mogu biti od neke koristi, dok mu u književnosti sve to drugo što radi i postiže nije ni od kakve pomoći, pa čak ni popularnost i čitanost koju je brzo stekao. Književnost i književna istorija su najteži i najsuroviji sud koji je ikada postojao, a popularnost nije olakšavajuća okolnost, često je suprotno.

Knjigu *U ime naroda*, koja se ovde ponovo objavljuje s nekim dodacima, imao sam priliku da preporučim na promociji prvog izdanja i imam nameru da je i ovde podržim. To ne znači da će se gospodin Majić pred strogim sudom književne kritike sasvim dobro provesti, ali znači da postoje jaki kulturološki i dovoljno dobri poetički razlozi da se ova i druge njegove knjiga čitaju.

Književna kritika, kada je reč o tekstovima kao što su ovi sakupljeni *u ime naroda*, izvestan otpor pruža njihovom blogerskom poreklu. Ono što ih je u drugom mediju činilo popularnim, to im u očima književnosti može predstavljati i neku vrstu prepreke. Jesu li Majićeve proze satirične, humorističke, komičke i polemičke crtice, jesu li to alegorijski pamfleti i političke provokacije? Ili je to oblik građanske slobode, koji za sebe traže pravo na izraz? Jesu li to književni tekstovi koje valja ocenjivati kao priče, ili je to angažovana literatura, ili literatura u jednom širem smislu reči? Ja ih nisam pratio na Majićevom blogu i tamo su oni mogli imati različit karakter, ali otkako su pretvoreni u zbirku satirično, humoristički i politički obojenih priča, one bude jedno mnogo veće, i mnogo teže očekivanje. I to je ono što jednog profesora književnosti, koji nije ni slep ni gluv za druge domene Majićevog delanja, naravno, posebno zanima.

Pre svega, sama srpska književnost pokazuje još od svojih početaka neku vrstu neravnoteže. U njoj, recimo, tragička i komička intonacija, oblik i imaginacija nisu ravnopravne, a satira, humor i groteska su pre izuzetak nego pravilo, i tek ponegde umeju da odskoče. Moglo bi se reći kako smo sto godina čekali novog Domanovića, a u najboljem slučaju imali Branka Ćopića. Uz svu naklonost za ovog tragičnog partizana, koji se, uprkos svoj svojoj duhovitosti i omiljenosti, ubio, i uz svu naklonost za njegove knjige za decu, koje su divne, teško bi se mogla naći ravnoteža između njegovog humora i mestimične satire i onoga što je Domanović postavio kao pravu meru prodornosti i oštrine. A kad tu, među slavnima, i po jeretičkim pričama zaslužnima, stvari tako stoje, šta reći o drugima. U predugom čekanju Domanovića po drugi put među Srbima, Bog nam je svedok, nije nedostajalo materijala koji je trebalo domanovićevski oblikovati. Uprkos tome, srpski pisac je gotovo zaboravio kako se piše prava satira. Na stranu što nema ni Zmaja i *Jututunske juhahahe*, ili Nušića da stihom ujede za srce unuka neke tek pokopane babe i rasrdi propalog kralja, kakav je bio Milan Obrenović, nema ni makar Vojislava Ilića. Ilićevog *Srbina u raju* mogli bismo da čitamo i danas, političku satiru *Maskenbal na Rudniku* Pavić nam je razjasnio u komentaru i ona je neka vrsta uvoda u društvo ispod nivoa spektakla u kakvom danas živimo, dok *Elegija jedne svinje* nije tako jasnog konteksta, ali je još bolja satirična pesma. I to što smo imali, danas smo uglavnom pozaboravljali. Strašnu oštricu *Maske*, *Lirike Itake* i *Priča o muškom* Crnjanskog ne osećamo jer smo se potpuno predali apsolutnoj neodoljivosti književne imaginacije ovog klasika.

No ta oštrica postoji i po nečemu prevazilazi čak i inače nenadmašnog Steriju.

Nema danas ni komičkog romana koji nije politički intoniran, kakav je Sterijin, Sremčev ili, što se lako gubi iz vida, Rastka Petrovića. Takva književnost se očekuje od velikih pisaca, ali već predugo je nema. Čak ni dugoveki Koš i Čolanović, koji su ulagali truda i gledali da se lakuna makar malo umanji, nisu dočekali da se to promeni. Aleksandar Popović i Duško Kovačević su nešto posebno, kao i to da je jedan bio u Julu, drugi blizak G17 plusu (oba naziva kao da su ukradena iz burleske ili političkog vodvilja, i to ne naročito duhovitog). Miodrag Raičević i Vladan Matijević su drugačiji pisci, duhoviti, izvrsni, ali ne bole. Srpski satiričari i aforističari, niz vrlo dragih likova, bili su manje ili više duhoviti, ali skoro bez izuzetka nisu bili porazni, ili vladajućoj politici dovoljno nepodnošljivi da bi se njima bavila. To ne znači da je Đogu i Đuri Damjanoviću bilo lako na sudu, niti da su zabrane predstava Dragoslava Mihailovića i Jovana Radulovića bile sitnice, nego da završnog udara domanovićevske satire uglavnom nije bilo. I zato veliki teret leži na svakome ko se na takvo pisanje odvaži.

Književnoistorijski ambijent trebalo bi još više da ističe *suludačke erotošale* Save Damjanova, *remek-delca*, *pričke*, *liturgije* i razne književne burgije i panurgije kojima je pribegavao. Ima on i jednu kongenijalnu priču o tome *kako je Ička izbačena iz Artije*, koju bi mogao da čita poslednji čitalac dok mu veštačka inteligencija ne ugasi svetlo. Tu su i zaboravljene drame i jedno remek-delo kratkog humornosatiričnog romana *Ukleta zemlja* Svetislava Basare. U nekoj pravoj istočnoevropskoj književnosti, to bi bili proslavljeni tekstovi, a ova dvojica, premda malo okasneli, gotovo klasici sprdnje sa socijalizmom i njegovim posledicama. Koliko god to moglo biti preterano, meni su ti njihovi tekstovi uzbudljiviji od Kundere, Mrožeka, Škvoreckog i Hrabala, ali mi nismo živeli u Poljskoj ili Čehoslovačkoj.

U takvom poroznom književnoistorijskom i poraznom društvenopolitičkom ambijentu pojavile su se proze/blogoze gospodina Majića. Skupljene u knjigu *U ime naroda*, i izložene strogom sudu *u ime književnosti*, nalaze se one pred (pre)teškim zadatkom i ništa lakše nego spočitati i njima i autoru: ili Domanović, ili ništa. Naravno da nije Domanović, mada jedna priča gleda baš u tom smeru, ali nije ni za odbacivanje. Ovo su političke alegorije, basne i apeli koje vredi slušati i nad kojima je dobro zamisliti se. Kontekst književne istorije i neki od problema satire stvaraju teret očekivanja i pritisak pod kojim je svaki pisac koji danas krene satiričkim puteljkom. To ne treba da sve toliko pomrači, pa da se ono što je postignuto izgubi iz vida.

U priči koja otvara Majićevu zbirku, pred nas izlazi heroj srpskog savremenog sudstva, koji se zove - nećete verovati koliko je to u isti mah i nužno i plakatski pojednostavljeno - Zec. To što i na prvi pogled deluje suviše jednostavno, nužna je aluzija. Ona je, naravno, izgrađena na tome da se sudija koji osluškuje samo šta će reći Vođa i jedino o tome brine uvek zove i jeste Zec. Ako to priču ne bi pretvorilo u kriptobasnu, bilo bi to možda za blog, ali ne i za književnost. No čim u sebi nađemo malo čitalačke dobre volje, ovaj zapis, koji je kroki i studija ništavnog karaktera, postaje politička basna. Onda Zec nije glupo ime bednog sudije, nego humoristički lik u basni. Zato priča pogađa ono što je mučno u sistemu, a ne u karakteru jednog poltrončića iz kohorte istih i sličnih bednika, kojih u sudstvu nema ni više ni manje nego u drugim granama vlasti. Problem nije u sudiji koji je kukavica, nego u pravnom kukavičluku, potčinjavanju vlasti, a ne zakonu, čime se gase osnovna prava i slobode građana. Majićeva proza u toj poetičkoj transformaciji zadobija nešto bitno. Mučninu koju izazivaju društvo i pravni sistem prekriva gorak osmeh, nadmoćna poruga i humorno nadvladavanje onoga što je neprijatno.

Razgovor s kolegom je drugi tekst u knjizi i predstavlja drugi model Majićeve proze. To je neka vrsta obrnutog proglasa sudijske vrline. Oblik kriptodijaloga mu daje dinamiku, kao što se to nekada radilo u starim raspravama, koje su uzimale dijaloški oblik da bi izložile jedno stanovište. Dijalog je tu da tekst ne bi bio intruzivni manifest zašto sudija sudi i u šta sudija veruje. Sudiji Majiću je lik sudije bitan, čitaocu je bitno samo da se ne nađe pred takvim spodobama, kojih ima na svakom koraku. Sledi sprdnja sa uspostavljanjem Novog sudskog poretka, koji je „libertanijanski", sve sa Vrhovnim Arbitrom, koji se u trećoj prozi javlja isto tako kao Vođa u prvoj priči. Onda opet dijaloška priča *Kandidat*, pa *Oglas za reformske izvršioce* i *Novogodišnja jelka*, koja je u dijalogu. Stiče se utisak kako je mogao da postoji neki poseban plan kompozicije i bilo bi interesantno da je cela knjiga tako oblikovana. Sam dijalog je, naravno, povlašćeni oblik komunikacije na sudu, pa to ovakvoj prozi dodaje jednu važnu dimenziju.

Kada dovoljno odredi biće problema, Majić počinje i jezički da razvija tekst, kao u *Foligrafskim poliranjima*, gde je očigledna zamena slogova dala vrlo lep primer posebne vrste metateze i proteze za dokazni postupak. U svetu njegovih priča upoznaćemo i državnog tužioca Gvozdena Sekiru, pa se Zec i on u nekoliko navrata nadmeću da li je reč o političkim basnama ili ostatku humora kakav je vladao eks-YU filmovima… I dok se rešenje i ne nazire, eto nas pred genijalnom idejom da se spase sudski sistem: da se ceo postupak zameni bacanjem kockica. Sarkazam ovde daje dobar rezultat, ali je interesantno da se sudski sistem time zapravo amnestira političke odgovornosti. Jer ukoliko je problem u apsolutnoj arbitrarnosti ishoda, pukoj kontigenciji rešenja, koje ne proishodi iz materije koja se procenjuje i prirode spora koji valja presuditi, onda nema nameštanja, namere i zloupotrebe. Stvar je još malo gora i odvratnija, kockice su nameštene tako da padaju onako kako bude naloženo, ili plaćeno... Prvi aspekt vidimo kod Zeca, a važi i za Sekiru, ovaj drugi mogao je biti i bolje razvijen, jer je, uostalom, i mnogo rasprostranjeniji. Nisu sudije i tužioci samo slabići koji su izneverili ideale pravde i smisao pravnog sistema, nego mnogo češće sitne jajare kojima je samo do para. To ih više unižava nego poslušništvo. Možda nije simpatično da sudija u prozi prijavi pošto se prodaje presuda, a možda je i nezgodno tako progovoriti o kolegama koje bi još i podnele to što su poslušnici, ali ne bi da se otkrije kako su zapravo jajare. Uprkos tome, dovoljno je pogledati kako mladi zaposlenici srpskih sudova posle nekog vremena počnu na posao da dolaze sve boljim kolima. Jer i njima bračni drugovi dobro zarađuju, tetka iz Amerike ili Kanade šalje pare, nađe se i neko koferče, kum časti ferarijem ili meklarenom, bude naknada za razvod ili dodeljivanje dece, ili da profesori i dekani predaju pravo i prodaju diplome, ali pre penzije i zastarevanja ne mogu biti dovedeni na sud, ima u nas svega i svačega. Ako može da se sazna kako ide kuća na Dedinju za veliko ovlašćenje banci, saznalo bi se i štošta drugo. Na toj granici duhovitosti i polemičnosti vidi se zašto ove priče nisu postale nepodnošljive: one ne pogađaju režim i sudstvo u konkretnosti nedozvoljenog; gađajući sistem, ne pogađaju moćnike na dovoljno prepoznatljiv način da se ovi skroz razbesne.

U Majićevim prozama nadmeću se ozbiljnost i promišljenost sa jedne strane, i izvesna shematičnost, a ponekad i naivnost, ako je to naivnost, sa druge. Ovo drugo se posebno vidi u miksovanju dijaloga sa Andrićem i Orvelom u raspravu o Latifovoj avliji. Kada se elementi hronike i publicistike pojave, oni kvare mogućnost da se ono što je najbolje u ovim tekstovima realizuje u potpunosti, ali sve to zapravo podržava ritam čitanja na mrežama i komunikacije koju tu valja održavati onim što je lakše vidljivo. Nije dubina uvida ono što privlači na društvenim mrežama. Dok bi satiri snagu dala konkretnost, književnom dijalogu bi snagu dala produbljenost. To da je tamnica od mora do mora, i da nema nevinih, to kod Andrića nosi užas metafizike, kojeg kod Majića nema.

Drugi deo knjige čine nove priče. U njima je prva priča, o hodanju na rukama, najviše domanovićevska. No pouka o tome da su propali zato što su ćutali napušta oblikovanje paradoksa i vraća se na argumentaciju političkog delovanja. Ontologizacija javnog mnjenja i filozofija komunikativnog delanja nije uspela ni Habermasu, površina javnosti i društva prepuštene su savremenoj informacionoj tehnologiji i društvenim mrežama. Na tom mestu ne pomažu ni velika dela svetske književnosti, prizvana u priči o susretu sa nekadašnjom profesorkom književnosti. Ona se evociraju pomalo školski, bez dubljeg poetičkog dijaloga. Uverenje kako su nekadašnji đaci postali ljudi, koje je simpatično, međutim, izneverava satiričku dispoziciju. Dobro, recimo da je odbacimo, ili da kažemo da su priče, kao što i jesu, heterogene. Ali da li one dobijaju kada se običnost ljudskih života, netransformisana delovanjem političke basne ili kritike koja cilja vlast, pojavi kao neka vrsta svedočanstva? Ili je miris kestena samo nedovoljna aluzija na slavniju ulicu, u kojoj ih je bilo koliko i detinjstva? Školarac koji je postao čovek, kako se to kaže, i koji se lepo seća svoje nastavnice književnosti, što je neka vrsta znaka da će ovaj pisac u knjigama koje slede još odlučnije nastojati da stekne književnu sudbinu, naposletku je zbog svoje nastavnice pročitao i Džojsa. I time je morao da se pohvali, jer se to baš i ne vidi.

Lepo, zaista, da je pročitao. Malo koji sudija jeste, ali u književnosti vladaju druga pravila i samo je naoko teže čitati Džojsa nego

Bulgakova i Dostojevskog, na koje se aludira s početka priče. Sam Džojs, toliko nedostižan u horizontu običnosti, iako sam prožet metafizikom običnog, po mišljenju Hjua Kenera, jedan je od stoičkih komedijanata, uz Flobera i Beketa. Nijedan od njih nije pisao satiru u pravom smislu reči, ali je dubinom epohalnog poetičkog zahvata postigao i više od toga. To je eminentno književni put, i na njemu se, u dijalogu sa društvom, istorijom, istinom, propagandnom i, to ovde moramo dodati zbog knjige o kojoj je reč, sudstvom i vlašću koja se vrši u ime naroda, mora ciljati na najviše. To je moć književnosti, to je zapravo ono što negde u dubini duše mami jednog sudiju, doktora pravnih nauka i otresitog kritičara. I zato je on posle ove zbirke u tri godine napisao tri romana, koji su svaki imali po tridesetak izdanja. *U ime naroda* je njegov početak, a potreba za književnošću najviše je ostvarena oblikovanjem dirljive sudbine Kupusa, Cigančeta koje ovim idiotskim imenom ne pretvara priču u političku basnu, već u pravu priču o deci i priču za decu. *Rođendan* je već književnost.

Ima još dijaloga, groteske i humora u pričama, ima i još imena kao što su Macola, Pevac, Popara, ima i neki dugački tim-bilding koji je još više debil-ding, sudbine emigranta, ali prava književnost u ovoj zbirci je Ganci koji prvi put slavi rođendan. Ko tu ne oseti da mu se duša malo stegla i da bi radije s ovim dečakom od petnaest godina, koji se od straha umokrio, bio u tom plastičnom WC-u, u koji se sakrio da od lokalne bande ne dobije opet batine, taj je gubio vreme čitajući ovaj predgovor.

Knjige ipak nisu baš sasvim nemoćne. Ima nešto što se u njima bolje postiže nego drugim oblicima komunikacije.

Ni književnost nije baš sasvim nemoćna. Ima nešto što njoj bolje uspeva nego kritici sudstva, društva i vlasti.

Zato je Miodrag Majić i postao pisac, otuda i potreba da se napišu naredna tri romana. U njima se odigrava slična poetička bitka kao i u ovim prozama, vodi se spor između sudskog i pravničkog iskustva, javnog i političkog delovanja, popularne literature i književnosti. Gospodin Miodrag Majić, sudija, doktor pravnih nauka i pisac tu gde njegova proza doseže književnost može da izdrži strog sud književne kritike, a čitanje njegovih knjiga je i mimo toga za preporuku. Književnokritička presuda, naravno, još nije pravosnažna, književnoistorijska još ne može ni biti napisana. Uprkos tome, pisac ovog predgovora nije đavolji advokat i u ime književnosti i naroda zastupa potragu za vrlinom. Takav se spor ne može izgubiti. Sve dok književnost bude neodoljivo privlačila ljude koji su u drugim, navodno životno važnijim poljima veoma uspešni, sve dok oni ne mogu da joj odole, ima neke nade za ovaj svet. Samo književnost jedno progonjeno romsko dete, i svakoga od nas, pa i jednog sudiju i jednog profesora, odmah oslobađa i uvodi u jedan bolji svet.

Aleksandar Jerkov

Uvod i reč zahvalnosti

Okosnicu zbirke priča *U ime naroda – sve priče* čine tekstovi koje sam u prethodnim godinama objavljivao na Blogu sudije Majića (*www.misamajic.com*). Pišući o onome što sam video i doživeo kao sudija, ali i kao običan građanin, pokušavao sam da ostavim trag o vremenu koje je, među mnogim drugim nenaklonjenostima, poseban animozitet pokazivalo prema idejama pravne države i pravde. Najnovije izdanje ove zbirke obogaćeno je s nekoliko priča koje se tematski razlikuju od prvobitnih tekstova. Na ideju da objavimo prošireno izdanje zbirke, zajednički smo došli Izdavačka kuća *Vulkan* i ja. Shvatili smo, naime, da i posle više od četiri godine od njenog prvog objavljivanja, interesovanje ne jenjava. Zato se iskreno nadam da će knjiga nastaviti da živi i u novom ruhu.

Kao i obično dugujem posebnu zahvalnost onima koji su pomogli nastanak i realizaciju ove knjige: Izdavačkoj kući *Vulkan*, koja je podržala još jedan moj spisateljski projekat; urednici Mariji Radić, koja je moje pisanje i ovaj put učinila boljim; svom kolegi i prijatelju

Aleksandru Trešnjevu, koji me je, dolazeći na ideju o objavljivanju ove zbirke, ubedio u to da još uvek postoje oni kojima su šuškanje listova i miris knjiga draži od povlačenja kursora po monitoru; mojoj saradnici Aleksandri Delić, koja je bila jedan od najglasnijih zagovornika ponovnog objavljivanja ove zbirke; gospodinu Dušanu Petričiću, proslavljenom karikaturisti i neumornom borcu za slobodu, uz čije sam crteže odrastao i uz koje još uvek odrastam, koji je oplemenio zbirku svojim univerzalno prepoznatljivim grafikama; svojoj sestri Maji, koja je i dalje moj najpouzdaniji i najstrpljiviji jezički savetnik i ispravljač misli mog sve konfuznijeg uma; sada već brojnim čitaocima Bloga sudije Majića, koji su me tokom godina, prisustvom i komentarima, uverili u to da sve ovo, uprkos svemu ostalom, nekome znači, i naravno, najvažnije i uvek – Katarini, Savi, Vuku i Dori, bez kojih ni pisanje, baš kao ni bilo šta drugo, ne bi imalo smisla.

U Beogradu, 15. maja 2023.

U IME NARODA

Mora

Sudija Zec usnio je strašan san. Veče pred početak velikog suđenja, na televizijskom programu s nacionalnom frekvencijom, o njegovom procesu govori Vođa…

„Neka sve bude po zakonu!", uzvikuje uparađen i odlučan. „Neka naše pravosuđe, svima onima koji u njega sumnjaju, još jednom pokaže snagu, nezavisnost i pravičnost!"

Dok okupljeni podanici u zanosu kliču, sudiju Zeca razdire sumnja. Svega jedna noć deli ga od ulaska u sudnicu, a shvata da prvi put u karijeri ne razume Vođine reči.

Šta li je želeo da saopšti? – grozničavo razmišlja, dok graške znoja probijaju košulju na velikim maljavim leđima. Nikada do sada nije govorio u rebusima! Zašto ovoga puta to čini? Kakva „nezavisnost i zakonitost"? Mora da postoji razlog zbog kojeg Vođa, koji je inače razborit čovek, govori ovako nerazgovetno!

Dok nervozno prebira po njegovim prethodnim nastupima, sudija Zec biva dodatno uznemiren. Shvata da nikada pre toga nije imao dilemu kako da postupi. Čak ni u najsloženijim slučajevima. Uvek bi u Vođinim rečima pronalazio jasnu poruku i očinski savet.

„Nećemo dozvoliti da nam najbolji ljudi odgovaraju za sitne propuste koje su činili iz dobre namere!“, seća se sudija Zec mudrih Vođinih reči posle kojih bi namah znao šta mu je činiti. „Ne želimo valjda da nam zemlju vode lopovi!“, podvikivao bi Vođa drugom prilikom, a sudija Zec bi znao da treba nauljiti kantar.

Ali o čemu se sada radi? – u neverici vrti glavom. Kakva zakonitost? Kakva nezavisnost? Šta bi to moglo da znači?

Možda bi trebalo nekoga pozvati u pomoć? Nekog mlađeg, trezvenijeg i razumnijeg? Nekog ko može lakše da dokuči šta se krije iza Vođine šifre? Ali koga? – grozničavo razmišlja sudija Zec. I šta ako ga baš taj koga pozove namerno (jer ga i inače ne vole zbog munjevite karijere) nasamari i navede na pogrešan put?

U tom razmišljanju, najpre mu pade na pamet Tužilja. Ona je sigurno upućena, pomisli. Iako je ne voli (i smatra je neznalicom koja je preko rođačke veze došla do pozicije), sudija Zec joj je oduvek priznavao trud. Otkad je poznaje, bila je nepogrešivo pripremljena za proces. Još se nikada nije dogodilo da je kročila u sudnicu ne znajući šta treba da čini. Sigurno se i ovoga puta informisala i neće insistirati na nepotrebnim pitanjima. Kao u tancu, pratiće njene pokrete i umeće da stvar dovede do kraja.

Ali kako da joj veruje? – zamisli se na trenutak. Šta ako, znajući Vođine stvarne namere, smišljeno načini pogrešan korak i natera ga da sklizne u provaliju? Ne! Neće se to dogoditi! – ozari se na trenutak sudija Zec. Zašto bi ga navodila na grešku kada se njegova pogrešna odluka u konačnici opet ne bi dopala Vođi? Zašto bi to učinila i time i sebi potpisala presudu?

A šta ako baš želi da predstavi kako je, uprkos njenom zalaganju, upravo on upropastio stvar? Ne sme da rizikuje! To bi ga u Vođinim očima definitivno učinilo nepouzdanim!

Možda Advokat? Sa njim već godinama uspešno sarađuje. Razumeju se i bez reči! Rečeno – učinjeno! Pitaće njega da mu protumači Vođin amanet i otkrije šta je mislio pod onom „nezavisnošću". Valjda mu toliko duguje?

Ali šta ako i on ne bude iskren? Prevrtljivac i šićardžija je to! Šta ako (kao što se priča) pikira na mesto ministra zdravlja u novom kabinetu?

Nikoga neće zvati! – presaldumljuje se sudija Zec. U se i u svoje kljuse! Pa valjda je on ipak sudija! Pokušaće još jednom da sam reši mozgalicu i dokuči na šta misli Vođa kada govori o „zakonitosti". Toliko je slušao Njegove reči da sigurno i ovoga puta može da otkrije njihovu poruku!

No, baš kada se spremao da još jednom promisli, sa televizora zlokobno zagrme:

„Sudije moraju suditi isključivo poštujući struku i paragrafe, a ne želje moćnika!", a sudiji Zecu se učini da, izgovarajući reči koje ga presekoše kao sablja, Vođa gleda pravo u njega. Ako se ranije i nadao da će do kraja programa dobiti neki znak (kada bi mu barem namignuo, da bude siguran da ne misli ozbiljno) i da će Vođa pre ili kasnije postati „onaj stari", sada je gotovo u potpunosti izgubio nadu. Kao da je poludeo, na tren pomisli, i brže-bolje se osvrnu oko sebe kako bi se uverio u to da neko nije uočio njegova razmišljanja.

Nema druge nego da pokuša još jednom. Sudija Zec udahnu duboko (sećajući se vežbi koje je supruga praktikovala u trudnoći) i napregnu se sa novim elanom. Da bude po zakonu... Možda je Vođa želeo da kaže kako treba samo ostaviti utisak da je poštovan zakon? Ali zašto je onda zatražio da pravosuđe pokaže snagu? Pa kakvu snagu, pobogu? On sigurno bolje od svih zna da u pravosuđu snage ne može biti. Sigurno mu nije bilo na umu ni nepostojeće činovničko kuraženje! Možda je samo poručio da očekuje žestoku kaznu! To će biti! – pomisli sudija Zec. Vođa želi žestoku kaznu za lopova!

No taman kada mu se učini da je otkrio Kamen iz Rozete i da je dešifrovao Vođin svitak, sudija Zec se ponovo oneraspoloži. Ali zašto onda pravičnost? Ako je želeo samo drakonsku kaznu, zašto je uopšte pominjao pravičnost i struku? Otkud nipodaštavanje želja moćnika? Što lepo, jasno i glasno ne kaže šta želi?! – umalo zavapi sudija Zec. Što ga ovako muči? Zar ga svih ovih godina nije verno služio?

Ko zna koliko bi još trajala sudijina agonija da resko zvono budilnika ne prekide moru! U treger-majici, koja je samo delimično pokrivala nabrekli stomak, zadihan, sudija Zec odskoči iz znojem natopljenog kreveta, uz čije je uzglavlje uvek stajalo nekoliko raznobojnih pilula za san. Kao bez duše, bunovan, sjuri se u dnevnu sobu, oborivši usput kinesku vazu, pisma sa nahtkasne i kišobran sa čiviluka. Još uvek čkiljeći, napipa daljinski upravljač i, s nelagodom u želucu, koja je trajala nekoliko dugih trenutaka, začu željeni glas.

Baš kao u snu, Vođa se obraćao ushićenim građanima. Samo ovoga puta nije to činio nemuštim jezikom Pitije. Bio je to opet dobri stari Vođa. Onaj kojeg sudija Zec poznaje sve ove godine. Onaj kojeg je oduvek slušao i razumeo! Onaj zbog kojeg je ponovo zavoleo pravo! Onaj zbog kojeg je, na kraju krajeva, i postao sudija!

Posle nekoliko uvodnih rečenica o svakovrsnim uspesima, kada se stišala graja razdraganih sledbenika, Vođa je, kako dolikuje, progovorio i o slučaju sudije Zeca.

„Ne dam ga! Uzmite mene ako želite njega! Jer i ja bih učinio isto, samo još bolje i brže! Kaznite mene ako želite da kaznite najboljeg!“

Osmeh se ponovo razvukao na licu sudije Zeca. Sve se vratilo na svoje mesto. Ponovo je razumeo Vođu.

Skuvao je kafu, obukao odelo koje je čuvao za posebne prilike, i sigurnim korakom krenuo ka sudu, na čijem je ulazu ponosno prkosila Justicija.

11. mart 2017.

Razgovor s kolegom

– Čime su te ucenili?

– Ničim.

– Zašto onda ćutiš na nepravdu, poput nekoga ko je ucenjen?

– Šta su ti obećali?

– Ništa.

– Zbog čega se onda praviš da ne vidiš, poput onoga kome je obećano?

– Šta su ti oprostili?

– Ništa.

– Kako te onda ubede da daš glas, poput onih kojima je oprošteno?

– Čime su te uplašili?

– Ničim.

– Zbog čega se onda klanjaš huljama, poput onih koji su u strahu?

– Šta su ti prebacili?

– Ništa.

– Zašto se onda trudiš da te zavole, poput osuđenika koji moli za ljubav dželata?

– Šta si smuljao?
– Ništa.
– Zašto onda ličiš na nekoga ko jeste?
– O koga si se ogrešio?
– Ni o koga.
– Zašto onda koračaš pognute glave, poput osramoćenog?
– Čime su te zadužili?
– Ničim.
– Zbog čega onda ljubiš skute zelenašima?
– U šta veruješ?
– Ni u šta više!
– Kome onda, i u čije ime sudiš, sudijo?

21. oktobar 2018.

Izveštaj sa Libertanijanskog fronta

Izveštaj sa Libertanijanskog fronta:

Danas, kada predstavnici naše Nepobedive armade biju odsudne bitke za uspostavljanje Novog Sudskog Poretka (NSP), možemo sa ponosom da vas obavestimo da borba za preuzimanje potpune kontrole nad samozvanom i od nas nikada priznatom tvorevinom Libertanijom ulazi u završnu fazu. Posle višestrukih neuspelih pregovora organizovanih na zahtev međunarodne zajednice, u koju su naše brojno i tehnički neuporedivo superiornije snage ulazile samo kako bi pokazale da su oduvek bile spremne na kompromis, pokazalo se da kompromis sa predstavnicima tih odmetnutih bandita nikada zapravo nije bio moguć. Jedini jezik koji su oni ikada razumeli bio je – i ostao – jezik sile! Zbog toga su silu i dobili! Poslednje pobunjene jedinice, mahom sastavljene od preostalih predstavnika poraženog poretka, pružaju sve slabiji otpor. Vidljivo je da su nedovoljno opremljene, dezorijentisane, kao i da među njihovim malobrojnim pripadnicima vlada defetizam. Ovo i ne čudi, jer naročito mi, snage Novog Sudskog Poretka, dobro znamo o kakvim se neljudima radi! Primetan je i sve veći broj prelazaka njihovih pripadnika na stranu naše Armade. Svesni neminovnog ishoda bitke, oni odbacuju oružje i podignutih ruku, razvijajući bele tkanine, prilaze našim snagama. Reč je o ljudima koji shvataju da su bili zaslepljeni floskulama i praznim obećanjima, ali koji sada razumeju da jedinu opciju za njihovu budućnost i budućnost njihove dece predstavljamo Mi!

Kako je konačno rešenje svakoga dana sve izvesnije i bliže, važno je pripremiti građane na prve dane koji će uslediti posle definitivnog sloma poraženih snaga. Od izuzetnog je značaja da građani ostanu mirni i pribrani i da ne nasedaju na provokacije elemenata bivšeg poretka, koji bi svojim izjavama ili delovanjem mogli vršiti negativan uticaj. Potrebno je posebno ih pripremiti na to da su pojedinci iz tih redova solidno obrazovani, govorljivi, naizgled sa manirima, i da bi nepripremljeni lako mogli postati plen njihovih praznih obećanja. Posebne zadatke u tom pogledu imaće naši Odbori za propagandno delovanje (OPD), koji su odranije raspoređeni po dubini libertanijanske teritorije, i koji brižljivo prate situaciju. Važno je svakog od tih izdajnika predstaviti u pravom svetlu, na način na koji to naš čovek najbolje razume. Ne treba štedeti reči, jer ni ti bestidnici nisu štedeli reči kada su se suprotstavljali našoj plemenitoj ideji! Potrebno ih je stoga, bez pardona i što češće, u javnosti označavati kao izdajnike, špijune i belosvetske protuve, kako bi građanstvo što pre shvatilo ko se krije iza navodno umivenih fasada.

Naši novoosnovani organi povratiće ubrzo sve funkcije koje su se u prethodnom periodu nalazile u rukama neprijatelja. Odmah po njihovom skoro očekivanom slomu, biće uspostavljena prelazna tela Novog Sudskog Poretka. Vlast će po oblastima preuzimati odbori sastavljeni od istaknutih predstavnika naše Armade. Pripadnicima poraženih snaga biće organizovana javna suđenja u skladu sa najvišim standardima, iako je svakome jasno da ovakav tretman ničim nisu zaslužili. Učinićemo to kako ne bi kasnije tvrdili da nisu dobili priliku da se brane. Važno je pokazati svima da se i po tome Mi razlikujemo od Njih. Među glavne sankcije treba uvrstiti javnu difamaciju, premeštaj na udaljene (po mogućstvu nenaseljene) teritorije i profesionalnu i građansku degradaciju.

Uspostavljanje Novog Sudskog Poretka jeste vrhovni prioritet i osnovna tekovina naše borbe! Ogromna sredstva, energija i novac uloženi su u prethodnom periodu kako bismo dosegli ove ciljeve. Okosnicu promena predstavljaće rad na prihvatanju nove paradigme! Zbog toga, mesni poverenici moraju odmah posle konačnog sloma poraženih snaga preuzeti angažovanu ulogu. U prethodnom periodu osnovan je značajan broj novih podružnica. Čim dođe do oslobođenja, one će obznaniti svoja stvarna imena, koja su tokom borbi, iz razumljivih razloga, morala biti prikrivena. Udruženja pekara, frizera, ljubitelja prava i nauke, te stručni klubovi, vratiće svoje stvarne nazive, koji su do sada, zbog konspirativnosti, bili poznati samo povereničkim rukovodiocima. Osnovni zadatak je objasniti građanima da je njihovo opravdano nezadovoljstvo poticalo od izvitoperenog, dekadentnog uverenja da je sudski poredak potrebno učiniti nezavisnim od narodne volje i narodne vlasti! Na tom nakaradnom shvatanju stasavale su generacije onih koji su društvo gurali u pravcu lažnih sloboda i degenerisanog libertanijanskog pogleda na svet. Zbog toga su procesi trajali decenijama! Zbog toga su odluke donošene u zavisnosti od nahođenja pojedinaca koji nikada ni elementarno nisu bili pripremljeni za zdrave, progresivne i organizovane poglede!

Posebnu pažnju treba posvetiti dekonstrukciji osnovne ideologije poraženog sistema. Reč je o nezavisnosti i slobodnom uverenju. Važno je od samog početka naglasiti da je ikakvo, a naročito slobodno uverenje pojedinca, najveći neprijatelj naše nove zajednice i ideje Novog Sudskog Poretka! Ono što želi pojedinac nužno dolazi u sukob sa kolektivom i njegovim potrebama! Nema nezavisnosti pojedinca od naroda! Nema slobodnog uverenja ukoliko ono nije u skladu sa uverenjem većine! Nema nejedinstva vlasti! Svaka vlast potiče od naroda, i samo narodu, oličenom u njegovim zakonito izabranim predstavnicima, pripada! Opasnost od suprotnih uverenja naročito dolazi do izražaja kada takve stavove iskazuju oni koji odlučuju! Ti nakaradni relikti prošlosti biće jednom zauvek sklonjeni, kako ne bi stajali na putu našeg napretka. Odluke će donositi najsavesniji među nama, oni kojima su građani dali poverenje, a njih će distributivnim kanalima sprovoditi posebno konstituisani Odbori za ispravnost mišljenja (OIM), u kojima će se nalaziti najistaknutiji među najodanijima i najobrazovanijima od nas. Novi Sudski Poredak, u kojem će osnovnu ulogu imati institucija Velikog Arbitra (VA), biće otelotvorenje ovih ideja i zbog toga je nužno pripremiti građane za ove promene.

U Novom Sudskom Poretku, posebnu pažnju posvetićemo efikasnosti, ponderisanju i merenju. Osnovno odeljenje sudske jedinice više neće biti neproduktivna i neoperativna sudnica, već će tu ulogu preuzeti pogoni statistike. Merljivost i transparentnost postaju osnovne odlike vremena koje dolazi! Najveći broj mladih biće zaposlen upravo u ovom specifičnom vidu proizvodnje. Oni će svakodnevno prikupljati statističke pokazatelje odlučivanja. Biće potrebno naučiti ih od samog početka da je i ovde potrebno promeniti način razmišljanja. Potrebno je meriti sve! Nisu samo količina predmeta i broj odluka važni! Dolasci, odlasci, minutaža provedena u različitim aktivnostima, kretanja, razgovori… Sve će se ubuduće unositi u veliki sistem kako bi Veliki Arbitar zaista bio u prilici da u Novom Sudskom Poretku razdvoji žito od kukolja.

Naposletku, ali nikako najmanje važno, posebno će biti značajan rad sa našom omladinom. Već tokom borbi za zauzimanje Libertanije, osnaženo je udruženje *Svesna akademska mladež* (SAM), koje će ubuduće biti neizostavna stanica na ulasku u strukture Novog Sudskog Poretka. Značaj ove činjenice nije moguće dovoljno istaći. Ne postoji mogućnost izmene svega zastarelog, retrogradnog i pogrešnog ako od samog starta ne budemo među sobom imali prave ljude, samo čistu krv! Samo čistokrvni predstavnici Novog Sudskog Poretka mogu izneti Novi Sudski Poredak! Pružati takvu mogućnost, makar i onima u pogledu čije se ispravnosti dvoumimo, bio bi put koji bi, pre ili kasnije, u naše redove ponovo uvukao ponekog zalutalog zagovornika odnarođene nezavisnosti! Naša omladina će se permanentno podvrgavati telesnom vežbanju i duhovnom uzdizanju, kako nikada više ne bismo došli u situaciju da neprovetrene duhovne odaje stvore plodno tlo za ono protiv čega smo se s teškom mukom, i uz mnoge žrtve, izborili.

Dakle, da zaključimo u ovom uzvišenom času: potrebno je samo još malo strpljenja! Predlažemo zato da, dok je još uvek moguće čuti sporadičnu paljbu, ostanete u svojim domovima, tim bezbednim zatvorenim prostorima. Međutim, borba za Novi Sudski Poredak trajaće kratko. Sasvim izvesno, uskoro će i poslednja puška naših protivnika utihnuti. Jedinice naše Armade tada će ponosno umarširati u Libertaniju, stvarajući od nje još jedno mesto za život po meri našeg čoveka.

Još samo malo, i sloboda i pravda kakve smo svi zaslužili doći će i do nas!

Za Novi Sudski Poredak!

Za Velikog Arbitra!

23. septembar 2018.

Kandidat

– Gospodine, prijavili ste se za izbor za sudiju?

– Da!

– Ali… vi niste pravnik… Ovde piše da ste završili srednju saobraćajnu.

– Tako je!

– Pa… ne možete biti sudija. Nemate pravni fakultet.

– Zašto?

– Zato što ga niste završili.

– Ma ne… Zašto ne mogu da budem sudija?

– Zato što je za sudiju obavezan fakultet.

– Ali ja sam se učlanio! (pokazuje člansku kartu)

– Da… Vidim… Odličan izbor! Samo, nažalost, i pored toga, ne možemo da vas zaposlimo kao sudiju, imali bismo problema. Ali možemo da vam ponudimo nešto drugo. Recimo, direktor javnog preduzeća? Ili upravnik neke ustanove, na primer. I tu nam fali ljudi. Direktor festivala? Šta kažete?

– Želim da budem sudija!

– Onda moramo prvo da završimo fakultet.

– Rekli su da ne mora ako se javim kod vas.

– Šta?

– Fakultet.

– Možda niste dobro razumeli… (tišim glasom) Ne moraju da se polažu svi ispiti… Ali mora da se ima papir. Imali bismo probleme sa javnošću ako bismo vas zaposlili kao sudiju bez fakulteta. Nadam se da me razumete. Odmah bi nam u novinama prebacivali da to niko pre nas nije radio, znate već…

– Ne.

– Molim?

– Ne znam. Ja ne čitam… Uopšte me to ne interesuje. Samo hoću da budem sudija.

– Razumem, ali kao što smo rekli, mora fakultet.

– Koliko će to da traje?

– Koji sud vas zanima?

– Pa… Vrhovni. Može i apelacija…

– Ha-ha… Bravo! Odmah na vrh! Vojnik koji u rancu ne nosi generalsku palicu… Znate kako kažu?

– Neću da budem vojnik. Hoću sud!

– Ma naravno, samo kažem. A je l' imate ambicije da budete predsednik?

– Srbije?

– (smeh) Ma, ne… suda….

– Imam.

– Odlično! Predsednici nam baš trebaju! Samo, onda bolje da malo produžimo studiranje… Pola godine – godinu, da kažemo da ste, studirajući, pohađali i praksu. Biće lakše provući vas kroz Visoki savet…

– Nisam planirao da gubim toliko vremena. Za godinu dana pašenog je napravio tri zgrade na Zlatiboru i prodao stanove. A ja ništa...

– Morate malo da se strpite. Vi ste, za razliku od njega, odabrali da budete intelektualac. Nije to isto.

– Ne interesuje mene da budem...

– Intelektualac?

– Da. Samo sudija!

– OK. Nego... Setih se nešto... Mogli bismo da vam ponudimo da budete istaknuti pravnik!

– Šta je to?

– To je nešto najnovije! Mnogo bolje od sudije! Sudija je, da me ne shvatite pogrešno, ipak samo mastiljara, a vi ste gospodin čovek! Vi možete da birate sudije! Sudija za sudije, ako me razumete!

– A jel', za to ne mora fakultet?

– Nažalost... zasad i za to mora, ali će s vremenom, dok još malo ovih s fakultetima ode, sigurno spustiti kriterijume.

– Ali sada mora?

– Mora, ali bismo za to mesto mogli da završimo neki od ovih privatnih fakulteta, za mesec-dva. A i biramo vas u Skupštini. Sve prepustite nama. Ko registracija vozila. Dok vi kod nas popijete kafu... gotovo! (smeh)

– Da biram sudije?

– Da!

– Je l', mogu li onda sebe da izaberem?

– Ha-ha... Pa, ne... Vi birate druge. Zapravo, samo zaokružujete.

– Ja bih ipak da zaokružujem sebe.

– Razumem... Vi ste baš posvećeni profesiji. Hm... Nego...

– Kaži...

– Zašto vi lepo, kada to toliko volite, ne biste razmislili da postanete ministar? Mislim... jeste da na prvi pogled deluje malo pretenciozno, ali... verujte da nije. To uopšte nije ništa posebno. Ljudi mistifikuju taj posao.

– Šta rade?

– Ma misle da za to treba bog zna šta, a ne treba. Razumete?

– A fakultet?

– E zbog toga vam to i predlažem! Za to vam ne treba ni fakultet ni bilo šta drugo! Samo želja da reformišete sve, a vi je očigledno imate!

– Stvarno?

– Stvarno! To bi bilo baš ono... gospodski! Samo... (tišim glasom) morali bismo da vidimo da nemaju nekog jačeg kandidata, znate... Nekog ko čeka malo duže od vas i ko je... da me ne shvatite pogrešno, malo mlađi. Vi već imate...

– Trideset pet.

– Da... to je već poslednji voz. Ali kao ministar bili biste bog otac za sudije! Ko živ, ko mrtav! Plaše se ministra ko promaje! (smeh) Na kraju krajeva, vi menjate i zakone i možete da donesete zakon da sudije više ne moraju da imaju pravni fakultet. E to je reforma! Ma šta fakultet? Možete da napišete šta god hoćete. Da je osnovni uslov za sudije da imaju povišen šećer u krvi! Shvatate?

– Ja imam šećer!

– Eto vidite! Sjajno!

– Koliki je dovoljan?

– Šta?

– Šećer.

– Ma nije važno. Napišete šta hoćete, kao ministar.

– Onda može! Pristajem!

– Samo da proverim da, kao što rekoh, nije rezervisano. Mada, iskreno, mislim da možete biti bez brige… Kada vidim koliko ste posvećeni reformama, verujem da boljeg kandidata, makar zasad, nećemo naći.

19. avgust 2018.

Oglas za reformske izvršioce

Pravnici, radnici, seljaci… Navali narode! Još samo malo! Finalna akcija je u toku! Ministarstvo neizmerne sreće i ovoga puta, u čast dekade pravosudnih reformi, pripremilo je fantastičnu ponudu za vas!

Osećate da je vaša karijera u zapećku? Verujete da do sada niste uspeli da se izborite za mesto koje vam pripada? Ubeđeni ste u to da su vas uvek prestizali gori od vas? Tvrdite da ste rođeni vođa zarobljen u telu činovnika? Vi ste upravo osoba za nas! Pravi je trenutak da nam se pridružite! Pripremili smo paket posebnih pogodnosti, koji će rešiti i vaše brige i brige vaše porodice, i omogućiti vam da ostvarite ono o čemu ste oduvek maštali!

Potrebno je samo da dođete u našu najbližu poslovnicu i potpišete memorandum o razumevanju, koji su pripremile naše ljupke saradnice. Ne umete da pišete? Ništa strašno! Razvili smo specijalni program za pravnike s posebnim potrebama! Dovoljno je da pritisnete odgovarajući taster, na koji će vas uputiti naši asistenti! Za svakoga nudimo rešenje! Navali, poštena inteligencijo! Ponuda je ograničena i traje samo dok traju reforme i akcioni planovi! Količine su takođe ograničene, a najbrže od vas čekaju posebna iznenađenja!

Želite li nameštenje? Promociju? Možda novo udruženje? Želite li da vas pitaju za mišljenje? Možda ste radi da donosite odluke, pišete zakone ili držite predavanja? Da bez redova i nepotrebnih čekanja postanete istaknuti stručnjak? U našoj ponudi nalaze se ove i mnoge druge mogućnosti! Klikom na prozor otvoriće se ekran sa željenim opcijama! Vaše je samo da odaberete oblast u kojoj će vaši potencijali odmah doći do izražaja. Jedino što od vas očekujemo jeste da odbacite lažnu skromnost, nepotrebne skrupule i prethodne zablude.

Uverili ste se u to da su vas svi drugi varali pružajući lažna obećanja? Da su vas godinama preskakali na izborima? Svesni ste da niste dovoljno efikasni u lobiranju za glasove podrške na kolegijumu? Izgubili ste previše vremena stičući nepotrebne veštine i znanja? Prepustite rešenje nama, posvećujući se onome u čemu ste najbolji – kreativnom radu! Krenite putem zagarantovanog uspeha! Potrebni su nam svi profili! Trebaju nam čistači, pljuvači, vunovlakači, preletači, plesači, kalkulanti, oportunisti, artisti, dreseri, bokseri, pevači... Ako smo nešto izostavili, dodajte sami! Svi ste nam važni i za svakoga imamo ponešto!

Za razliku od drugih, mi prepoznajemo vaše vrline! Nismo društvo lažnih elitista, koje će neprestano tražiti dokazivanje ne nudeći išta zauzvrat! Ne tražimo statistike i rezultate! Naša deviza glasi: „Svako je za nešto rođen, a najrođeniji su oni koji nisu rođeni ni za šta!" Upravo se među njima najčešće kriju budući lideri!

Pravnici! Radnici! Seljaci! Navali narode!

Ministarstvo neizmerne sreće nudi vam jedinstvenu priliku da ostvarite čak i ono o čemu nekada niste ni smeli da maštate. Do juče ste imali drugačija mišljenja i snove? Ništa zato! Reprogramiraćemo vaše dugove, otpisaćemo kamate i daćemo vam zajmove po daleko povoljnijim uslovima! Efikasno ćemo izvršiti restrukturiranje vaših biografija! U kratkom roku sprovešćemo doškolavanja, specijalizacije, prekvalifikacije i promenu vaših uverenja! Spakovaćemo vaše predmete na police i u fioke! Donesite sve što imate! Da li vam je poznato da je većina biografija naših najuspešnijih saradnika nastala upravo postupkom reciklaže? Zato, ne bacajte ništa! Nama je potrebno sve! Peremo, sklapamo, ukrajamo, isecamo, dodajemo, oduzimamo, izbeljujemo, isceljujemo... Samo hrabro i odlučno! Ministarstvo neizmerne sreće zbog velikog interesovanja produžava period akcije!

Uvereni ste da u to vam ništa od pomenutog nije potrebno? Ništa zato! Dođite da se upoznate sa svojim kolegama, koje su do pre nekoliko godina bile upravo tu gde se vi nalazite sada, sa onima koji su bili niko i ništa u očima nadobudnih. A sada? Pogledajte gde su oni, a gde smo mi! Sigurni smo u to da ćete promeniti mišljenje nakon što i sami čujete njihove životne priče. Porazgovarajte s nekadašnjim luzerima, a današnjim liderima! Poslušajte iz prve ruke njihova iskustva! Probajte besplatne promo-pakete *Pre i posle!* Promenite opise, ispeglajte bore, izgledajte mudrije i načitanije... Naši stručnjaci će vam za nekoliko trenutaka u potpunosti promeniti fizički izgled i karakter, kako biste se tu, u realnom vremenu, uverili u to koliki su zapravo vaši sputani potencijali!

Koliko sve to košta, zapitaćete se, verujući da program koji sve ovo nudi mora stajati pravo malo bogatstvo. Međutim, i ovde ćemo vas iznenaditi! Šta biste rekli ako bismo vam otkrili da za sve ovo od vas ne tražimo ništa što vam je zaista potrebno? Jer nama su nužne stvari koje ste vi zapravo odavno odbacili! Želite primer? Evo: uvereni smo u to, već zbog činjenice što ste ovde sa nama, da negde na dnu ormana imate neku zaboravljenu, prašnjavu i isluženu dušu, sa kojom ne znate šta biste radili. Naši saradnici biće presrećni da vam pomognu da je se otarasite! Mi ćemo je reciklirati i napraviti od nje sasvim novi, prirodni proizvod, koji ne šteti okolini! Ono što je kod vas skupljalo prašinu i pravilo nered, obradovaće u Ministarstvu neizmerne sreće nekoga ko je čitavog života bio lišen ovog artefakta.

A šta ako nemate dušu, pitate se. Možete li i pored toga ući u program? Naravno! Sigurni smo da negde, na zabačenom mestu u vašoj ostavi, čami, recimo, neki ofucani, bezbroj puta rabljeni obraz. Islužena, poderana obrazina! Podarite ga nekome ko nije imao tu sreću da se rodi s njim! Zamislite kako ćete se osećati kada budete videli ljude, s kojima se priroda surovo poigrala, kako ponosno koračaju s vašim otpacima! A ako nema ni toga, šta onda? Sve je u redu! Poklonite nekome višak sna, koji svakako imate i koji opravdano smatrate precenjenom vrednošću! Za nečiji mir, odreknite se malo vere! Vaše ništa nekome je sve! Mi ćemo vas dobrano nagraditi plaćajući zaboravljene drangulije stvarnim vrednostima novoga doba! Za nepotrebne vrline nudimo položaje, plate, ugled i uspeh!

Navali narode! Pravnici, radnici, seljaci... Juriš, poštena inteligencijo!

Ovo je poslednji poziv pred obustavljanje akcije. Nemojte dozvoliti da lažni obziri, neproverena moralna shvatanja i neverifikovana uverenja stanu na put prilici kakva se samo jednom ukazuje. Ne budite kočničar sopstvenog uspeha! Bagatelna cena za ono što vam nudimo danas, već sutra će, kada prođe period sniženja, za mnoge biti nedostižna. Preostale pozicije, napredovanja, udruženja i funkcije, sasvim izvesno, tada će biti neuporedivo nedostupnije. Za njih će opet biti potrebne stvari koje poseduju samo odabrani, oni koji su vas svih ovih godina neopravdano zaobilazili. Sigurno ne želite da se to ikada više dogodi! Nikada više društvo u kojem je nešto dostupno samo posebnima! Zato, navali narode! Pohrli, poštena inteligencijo! Kucnuo je poslednji čas! Ministarstvo neizmerne sreće, poslednji put pred zatvaranje, otvara svoja vrata svima onima koji su dovoljno mudri da shvate da je pitanje da li će se ovakva prilika ikada više ikome ukazati.

6. oktobar 2018.

Novogodišnja jelka

– Tužioče! Vi ste? Zamenik Sekira na telefonu!

– Reci!

– Želeo sam da se konsultujem sa vama. Znate… ovi kreteni su mi doneli ogromnu okićenu jelku pod prozor, i sada novinari pitaju da li je konačno vidim.

– Ne razumem šta me pitaš.

– Pa, da li vidim jelku.

– Kako misliš da li je vidiš? Otkud ja znam da li je ti vidiš? Sa mog prozora se ne vidi nikakva jelka.

– Ma ne razumete, tužioče, vi ste visoko, odatle se ne vide jelke… A i ne misle oni to stvarno, nego figurativno… Kao, da li vidim jelku zbog ove jelke, znate…

– Pa dobro, vidiš li je?

– Pa… vidim je! Velika je. Nemoguće je ne videti je. Udaraju ukrasi u prozor kabineta. Izbiše oči…

– Ma gde ti gledaš? Kako je vidiš? Videćeš je, naravno, ako budeš zevao u nju! Svako vidi ono što želi da vidi! Okreni glavu na drugu stranu pa je nećeš videti. Imaš valjda još prozora u tom kabinetu!

Zamenik Sekira smesta posluša nadređenog.

– Ali tužioče...

– Šta je sad?

– Sa ove strane je još gore. Vide se one ruševine...

– Kakve sad pa ruševine, zgromile te ruševine dabogda!

– Pa, one udžerice, znate... koje su porušili N. N. izvršioci za kojima tragamo!

– Za kakvim N. N. izvršiocima tragamo, nesrećo? Nemoj da se zavitlavaš. Kakvo traganje te spopalo?

– Ma mislim ono... figurativno...

– Opet ti figurativno.

– Tužioče, sa ove strane je Savamala, znate... Može da bude nezgodno. Pitaće me nešto za tu stranu ako kažem da sam okrenuo glavu.

Tužilac besno opsova.

– Onda reci da ne gledaš ni levo ni desno, nego samo ispred sebe, jer imaš posla preko glave, razumeš?

– Razumem, tužioče!

– Ajd' zdravo onda!

– Nego...

– Opet ti nešto mrsiš. Šta nego? Šta više nego?!

– Nego, ispred mene su izveštaji i prijave, a u njima tetka! Pitaće me onda da li vidim tetku.

– Kakva tetka, manijače? Skroz si prolupao ili si počeo da se drogiraš. Kad ste poslednji put spaljivali kanabis?

– Ma nisam prolupao, tužioče... Palimo kanabis redovno. Nisam, zaista, nego ona tetka, znate... što smo joj poslali potrebna obaveštenja...

– Ti se ili praviš budala ili si totalna budala. Nismo tetki slali obaveštenja, nego povodom tetke – povodom!

– Ma znam, naravno, samo bih želeo da se konsultujem s vama šta da radim... Znate, nemam više gde da gledam. Gde god da se okrenem, samo iskaču jelke, ruševine, tetke... A ovi pitaju. Ne znam više u kom pravcu da usmeravam ovu našu tužilačku istragu.

– Ne znaš u kom pravcu? Zaista me pitaš u kom pravcu da usmeravaš istragu?

– Zaista više ne znam, tužioče...

– Muka mi je više od vas! Usmeravaj je u pravcu kriminalaca, zameniče! Možda si zaboravio šta je tvoj posao? Optuživanje kriminalaca! Dok si se ti zamlaćivao sa novinarima i jelkama, Sekira, neko je noćas tu pred tvojim nosom sa gradilišta oduzeo puna kolica šljunka! Da, dobro si me čuo – puna puncata kolica sitnog građevinskog šljunka! I ne samo to! Na reci je primećen pecaroš koji lovi bez dozvole! Sa teleskopskim štapom i mašinicom! Treba li da ponavljam? Lovokradica, Sekira! Ti ga, naravno, nisi video od jelke i ukrasa u koje zevaš! E, moj zameniče... Dok se ti zamajavaš, kriminal cveta!

– Ali tužioče... Naše tužilaštvo nije nadležno za šljunak i pecaroše... Mi smo zaduženi za teža dela...

– E, to je problem vas zamenika! To što nikada niste nadležni! A posle se bunite što vam narod ne veruje. Nikada vi niste nadležni! Ali naučiću vas ja pameti! Umesto što mrsiš, plajvaz u ruke, pa na gradilište da nađeš taj šljunak. Posle na reku, da vratiš tog šarana. Jasno? Pa da vidiš kako će novinari da te slave kada im budemo dali ekskluzivu o hapšenjima!

– Jasno, tužioče! Nego...

– Opet nešto ne razumeš?

– Ma... sve razumem, tužioče! Samo razmišljam kako je to čudno. To kako se sa visine na kojoj se vi nalazite stvari jasnije vide! „Ko na brdu ak' i malo stoji...", što reče veliki Njegoš. Sa ovih nižih spratova na kojima ja obitavam, sve to nekako deluje drugačije... Odavde se čini da su sve te stvari za koje me novinari pitaju važne. A u stvari, od jelke se ne vidi šuma, ni od šume reka, ni od reke šaran... Ni od šarana šljunak na dnu, koji neko posle ukrade. Razumete šta hoću da kažem?

– Nemam pojma šta hoćeš da kažeš, zameniče, ali sam siguran da opet nešto mrsiš dok kriminalci delaju. Oni nikada ne spavaju, Sekira. Nikada! Zapamti to! Ajde, beži sad! I...

– Kažite, tužioče.

– Na sporedni izlaz!

– Kako to mislite?

– Izađi na sporedni izlaz! Treba li da ti nacrtam? I... malo nagaravi usta. Ako imaš malo imalina... Metni i neku kapu. Važno je samo da ne ličiš na tužioca. Jer ako te prepoznaju, opet će te uhvatiti, a ti kakva si zamlata, opet ćeš krenuti da me zivkaš.... A kriminalci će...

– Da kradu, tužioče!

– Tako je, Sekira! Biće od tebe nešto!

– Naravno, tužioče! Nema problema. Mada, ja ionako odavno ne ličim na tužioca, tako da je mala verovatnoća da će neko moći da me prepozna. Ali ću, bez obzira na to, za svaki slučaj, da se malo nagaravim i imalinom, kako ste rekli! Srećna Nova, tužioče!

– Srećno ti bilo, Sekira!

23. decembar 2017.

Foligrafska poliranja

Ako me sećanje dobro služi, vic ide ovako:

> Razgovaraju dva starca u nekoj zabiti i jedan od njih kaže: „Žena mi nije dobro. Odveli su je u Beograd na skener.“
>
> „Nemoj ništa da brineš“, reče drugi. „Ako su je odveli na skener, biće sve u redu. Skener svima pomogne!“

Domaći *istinobranitelji*, lamentatori nad napuštenim *načelom istine*, konačno ovih dana mogu da odahnu. Detektor laži, koji je decenijama gotovo zaboravljen čamio u podrumima policijskih stanica, na koji se u dokaznom postupku sa nepoverenjem gledalo i za koji su laici naivno tvrdili da ne može dokazati ništa, podmazan je, ponovo radi i pomaže! Nasuprot dozlaboga komplikovanoj domaćoj stvarnosti, ovo novootkriveno tehnološko čudo fercera jednostavno da jednostavnije ne može biti. Momentalno odvaja ispravnog od krivca! Istinu od laži! Sito za kukolj i žito! Bez skupih i neizvesnih postupaka, bez potrebe za iznurujućim prikupljanjem dokaza, ekspertskim mišljenjima, bez nužnosti za daljim upošljavanjem velikog broja nesposobnih i nepredvidivih tužilaca i sudija! Bez svedoka! Provučeš ženu kroz skener, žito kroz sito, osumnjičenog kroz detektor i… cap!

Sve se vidi i sve bude u redu! Ponovo radi Detektor!

No nisu samo istinobranitelji-narikače oni koji imaju razloga za slavlje. Radost bi uskoro mogla da preplavi i šire narodne mase, čak i one kojima utvrđivanje istine, makar do sada, nije predstavljalo prioritet! Uskoro bi plodovi Detektorove nove mladosti mogli da obraduju i one koji su do sada samo filozofirali, neverne Tome i raznorazne mutivode, koji su sumnjali u svenarodni put do istine! Jer ukoliko bismo ovde pokazali makar i malo preduzimljivosti koje nam tradicionalno nedostaje, Detektor i nova naučna shvatanja njegovih potencijala mogli bi ubrzo naći primenu u svakodnevnom životu. Zamislite koliko bi uobičajeni problemi bili lakše rešivi kada bi se džepna verzija Deta mogla kupovati na odloženo, čekom od penzije ili na kredit. Umesto aparata za kontrolu šećera u krvi ili pritiska, dovitljivi trgovci bi ubuduće svima, na rate, mogli ponuditi Detektora – tog Doktora za istinu i laž – i njegove čari!

Proverite vernost bračnog druga! Samo jednim klikom… Onda nekoliko pitanja… i biiiip… stiže rezultat! Nema više „radim do kasno“ i „mogu sve da objasnim“! Utvrdite da li vas prodavac krompira krade na vagi! Klik… nekoliko pitanja o tome da li je na vreme rođen, *pavor nocturnus?* Da li ga uzbuđuje ženska obuća… gledanje u oči… pritisak… puls… i biiip! Evo ga! Krade!!! Testirajte dete pred ispit (Sladoled od vanile ili tuti-fruti?)! Komšiju koji vas vabi za žiranta (*Veliki brat* ili *Farma*?)! Prodavca srećke! Taksistu… Klik… Puls… Zadah… Disanje…

Uvedimo Detektora svuda! U bolnice (za simulante), kod matičara (za reciklirane device), u NVO-e (za neubeđene denacifikatore), u izbegličke kampove (za lažne azilante)! Ako već ne možemo pobediti u proizvodnji, obrazovanju ili kulturi, pobedimo u otkrivanju istine i demaskiranju laži! Postanimo prva država u kojoj je svakome zagarantovano pravo na istinu o državnom trošku! Postanite dobrovoljni davalac informacija, a Detektor će vas zauzvrat čuvati od lažnih proroka, prevaranata i hohštaplera! Podvrgnite se i sami redovnoj kontroli! Preventiva je najvažnija! Redovno se ispitujte i podstičite druge na ispitivanje!

Uveravam vas u to da će od ovoga biti i ekonomske koristi! Uskoro, kada se sazna za ovu priču, iz celog sveta pohrliće zaljubljenici u faktografiju, ali i preobraćeni iluzionisti! Kao što se na Daleki istok ide zbog povoljnih korektivnih zahvata i jeftinih silikonskih implantata, tako će mase istinoljubaca dolaziti kod nas zbog jeftinih i svima dostupnih činjenica! Ovde će uskoro svakome biti omogućeno da poseduje, koristi i interpretira istinu po sopstvenom nahođenju! Savršeno društvo, ili na korak do njega...

I dalje ste skeptični? Ne verujete u to? I dalje vas buni to što u drugim zemljama prednost imaju kriminalističke škole i pravni fakulteti, forenzika, sudnice, procesno pravo i svedoci? I dalje vas sputava uverenje da bi se svega ovoga, da je tako delotvorno, i ovoga puta pre nas setili drugi? Pomišljate da je sve ovo samo još jedna neumesna šala, možda smišljena za zavođenje i zaluđivanje onih što veruju da skener pomaže u lečenju gangrene?

Dođite onda i probajte sami! Uverite se! Ukoliko ste ispravni, nema razloga za strah! Istina je i vama dostupna! Sami sebi postavljajte pitanja i proveravajte odgovore! Merite puls... Gledajte u žensku obuću i beležite reakcije... Uzmite sladoled od vanile... Prijavite noćno mokrenje... Objavite rezultat i odagnajte sumnje!

Naposletku, ukoliko vam ništa od ovoga ne pomogne, uveravam vas u to da je dovoljno da mi verujete na reč! Ukoliko ste, ipak, nepoverljivi i tvrdoglavi, dostaviću vam neoborivi dokaz o tome da govorim istinu!

Otići ću iz ovih stopa kod Detektora i obavestiću vas o onome što je utvrdio! A onda, valjda, među nama, konačno više neće biti nepoverenja.

30. novembar 2015.

Nerešivi problem sudije Zeca

Iako se nalazio na pragu sedme decenije, sudija Zec je patio od enureze. Neprijatne noćne epizode, posle kojih bi se budio u mokroj postelji, ličile su na one koje je imao kao dečak. Tada bi, posle prenapornog dana ili čitanja zastrašujuće priče pred spavanje, sanjao bezglava bića, bauke i drekavce, i potom piškio u krevet.

Međutim, za razliku od dečačkog doba, kada je jutro donosilo olakšanje i kada je shvatao da noćni košmari nemaju veze sa stvarnošću, problem sa kojim se sudija Zec u zrelom dobu suočavao bio je daleko složeniji. Već godinama, naime, čim bi sklopio oči i umirio disanje, na samom pragu REM faze, bio bi uhapšen. Njemu nepoznati ljudi bezizražajnih lica odvodili bi ga u memljivu podrumsku prostoriju, na čijem su se prozoru nalazile zarđale rešetke, ostavljajući ga tamo bez obrazloženja i prava na prigovor. Međutim, nije teskoba memljive prostorije bila ono što je u snu najviše plašilo sudiju Zeca. Uzrok jeze i najverovatniji okidač neprijatnog noćnog umokravanja bila je činjenica da bi, za razliku od dečačkog perioda i svesti da je reč o bezazlenoj reakciji na filmove strave, sudija Zec sopstveno hapšenje shvatao kao logičan produžetak dnevnih aktivnosti. Pri tome, umesto da poput mlađe verzije sebe sav taj košmar strese sa prvim jutarnjim zracima, sudija Zec je noćnu agoniju nosio sa sobom u naredni dan.

S vremenom, njegovi dnevni snovidi postali su jednako živi kao i noćne agonije. Tako bi mu se, svako malo, učinilo da mu se zatvorski čuvar u sudnici kezi, stavljajući mu do znanja da će se uskoro sresti u drugačijem ambijentu. Ili bi pak u razgovoru s kolegom iz tužilaštva prepoznao reči koje nesumnjivo upućuju na odbrojanost njegovih dana na slobodi. Neobjašnjive noćne more i njihovi dnevni nastavci polako ali sigurno pretvarali su svakodnevni život sudije Zeca u pakao.

U strahu od toga da će i na javi, jednako kao i u snu, svakog trena biti odveden u apsanu, zamolio je suprugu da mu pripremi malu putnu torbu, poput one koju pred odlazak u bolnicu kraj uzglavlja drže porodilje. Da bi se pripremio za duge zatvorske dane i skučenost prostora koji ga očekuju, svakodnevno se na određeno vreme zatvarao u maleni gostinski toalet, zahtevajući od ukućana da, pre isteka dogovorenog vremena, ne reaguju na njegove vapaje.

Ali ni to nije bilo dovoljno da umiri sudiju Zeca. Kažu da je jednom prilikom, čuvši policijski toki-voki ispod prozora, istrčao s uvis podignutim rukama, naočigled zapanjenih policajaca, koji su došli zbog nepravilno parkiranog vozila njegovog komšije. Drugi put je, tvrde svedoci, kada je na vestima čuo najavu početka oštre borbe protiv korupcije, na zaprepašćenje dežurnog, sam otišao u policijsku stanicu, izvinjavajući se zbog nenamernog kašnjenja na prozivku.

Međutim, za razliku od noći, kada bi se neizvesnost završavala s prvim naletom melatonina, sudiju Zeca na javi niko nikada nije hapsio. I činilo se da, na šta god realni događaji ukazivali, nije imao ni nameru da to čini.

Uskoro je ovakva raspolućenost prouzrokovala sve teže psihičko stanje našeg tragičnog junaka. Najpre je u njegovom unutrašnjem svetu gotovo u potpunosti izbledela razlika između sna i jave, a onda je postepeno agonija iščekivanog utamničenja, do kojeg u stvarnosti nikako nije dolazilo, za sudiju Zeca postajala teže podnošljiva od neprijatnog, ali sasvim prirodnog i objašnjivog noćnog umokrenog pritvaranja. Zbog toga je rešio da se za pomoć obrati stručnjaku. Za sagovornika u poverljivom razgovoru odabrao je dugogodišnjeg prijatelja psihijatra, načelnika klinike koju je redovno angažovao za složena medicinska veštačenja.

„Dobri moj, ti si samo previše osetljiv i dozlaboga pošten čovek", smirivao ga je dugogodišnji prijatelj saslušavši njegov problem. „Patiš od izraženog superega, koji se prema tvom tananom biću postavlja kao nemilosrdan i suviše strog sudija. Ha!", uzviknuo je. „Sudijin sudija!", obradovala je psihijatra spontana igra reči. „Jednostavno, moraš naći načina da oprostiš sebi sitne propuste koje svi u životu imamo. I ne zaboravi, i sudije su ipak ljudi! Ne traži od sebe savršenstvo. Čuj, tebe, sudiju Zeca, da uhapse!", iščuđavao se.

Prijateljeve reči su ga nakratko umirile, ali su se ubrzo traumatična noćna iskustva i dnevni klimaksi nastavili još jačom silinom. Život sudije Zeca postajao je nepodnošljiv. Zbog toga mu je, prilikom ponovnog dolaska, i prijatelj psihijatar nevoljno priznao da prvi put u karijeri ne veruje da može pomoći pacijentu. Njegov problem, rekao je, isuviše je složen i izlazi van granica nauke kojom barata. Umesto toga, dao mu je prijateljski savet.

„Najbolji način da se razuveriš jeste da odeš kod onog među nama koji sve zna. Kod jedinog koji u svakom trenutku raspolaže podacima o tome ko hoće, a ko nikada neće biti uhapšen. Požali mu se i siguran sam da će ti, posle svih ovih godina vernog služenja, izaći u susret. Pitaj ga otvoreno o svojoj sudbini i tada ćeš konačno, uveren sam u to, moći da odahneš!“

Sudiji Zecu ovo se učini kao odličan predlog. Konačno će moći da na najodgovornijem mestu proveri kakva ga sudba očekuje. Obradovao se kada je shvatio da je, baš kao što je prijatelj i očekivao, ubrzo primljen kod osobe najpozvanije za davanje odgovora na pitanje koje ga je progonilo. Nakon što je pažljivo saslušao o čemu je reč, Najpozvaniji mu se obratio umirujućim glasom.:

„Uvaženi sudija, velika mi je čast što smo se upoznali. Od svojih saradnika sam čuo samo najlepše reči o vama. U toj meri su vas hvalili da ste mi se, biću iskren, dok se i sâm nisam uverio u vaše kvalitete, u jednom trenutku čak i smučili! Nadam se da me pravilno razumete, vaša ekselencijo.“ Sudija Zec je, ne trepćući, upijao svaku izgovorenu reč.

„Pa ko bi vas uopšte, i zbog čega, želeo da hapsi?“, nastavio je bez okolišanja njegov domaćin. „Sudiju koji, za razliku od njegovih kolega, kojima je potrebno sto puta ponavljati, reaguje i pre nego što problem nastane?! Juristu koji je na svojim plećima izneo onolika zatvaranja bestidnika i mutivoda, i onakva bravurozna štićenja od strane bezbožnika progonjenih korifeja?! Dobri moj… Pre bih se odrekao desetorice vaših nesposobnih parnjaka nego jednog jedinog sudije Zeca!“

Činilo mu se da je posle ovog susreta njegovim mukama konačno došao kraj. Na najpozvanijem mestu u zemlji objašnjeno mu je da se država ponosi njime! Sve je, dakle, plod njegove uobrazilje i preteranih zahteva. Baš kao što mu je rekao i prijatelj stručnjak. Gotovo je, mislio je sudija Zec! Umesto hapšenja, u REM fazi poslanici su u Skupštini klicali sudiji Zecu. Konačno, u zoru je njegova postelja bila suva kao barut.

No kao zla kob, enureza i ostali dobro znani problemi ponovo su se javili posle izvesnog vremena, neočekivano. Ponovo je, sa još većom strašću, počeo da tumara između jave i sna, zatvara se u gostinski toalet i pakuje neseser za apsanu. Shvatio je da pomoći nema. Usud koji mu je predodređen nosiće, sada je u to bio siguran, do kraja života.

Oni koji poznaju sudiju Zeca tvrde da je i danas, mnogo godina nakon što je počela opisana golgota, u sudnici, jednako kao i u parku, u kolima, na pijaci ili na plaži, moguće primetiti neobične tikove ovog vremešnog delioca pravde. Njegov korak je sputan, kao da su mu noge vezane nevidljivim zatvorskim lancem, a ruke kojima pozdravlja poznanika prekrštene, kao kod poze koju nameću lisice vezane oko zglobova izgrednika. I ne vredi, kažu, uveravati vremešnog sudiju u to da je svemu uzrok njegova uobrazilja, i da niko nikada neće hapsiti takve kao što je on.

Kad-tad, uveren je u to, karakondžule i bauci iz dečačkog sna njegovim saborcima i njemu pokvariće bajku koju, otkad je stasao za sudijski poziv, uz njihovu asistenciju, nekažnjeno živi na javi.

31. avgust 2017.

Paralijska paranoja

(Okružni zatvor u Beogradu, popodnevna poseta...)

– Branioče... pusti ti, molim te, te priče, nego... kaži ti meni, kada ću ja da izađem odavde?

– Pa... ne znam šta da vam kažem... (snuždeno) Ne stojimo baš najbolje...

– Kako ne znaš? A šta onda znaš? Već dva meseca trunem ovde bez dokaza, i niko ni da bekne! Koliko ovo još može da traje? A?

– Pa, bojim se da može da potraje... Mislim da je godinu-dve neki minimum...

– Jesi li ti normalan? Šta pričaš? Kakva godina-dve? Sve su mi namestili ovi njihovi! Pokrali su izbore, došli na vlast lopovlukom, i ti mi kažeš da ovo može da traje godinu-dve! Pa znaš li ti da sam bio ministar, i da sam ove što me tuže i što mi sude na jedan mig mogao u ćorku da oteram...

– Pa, zato.

– Šta zato?

– Pa zato što ih niste poterali u ćorku, sada ćete malo duže da ležite. Mada… i da ste ih ućorkirali, isto bi bilo… Opet bi oni, kada bi došli na vlast, poterali vas, i tako ukrug…

– Slušaj, bre, branioče… Mani se filozofiranja, nego pod hitno nađi nekog našeg sudiju da mi ovo završi. Ovi što mi sude su njihovi, i zato mi se svete! Razumeš? Nađi nekog našeg!

– Pa… (neodlučno) Problem je u tome što ti što vam se svete nisu njihovi… Da su njihovi, možda biste i imali neke šanse. Ovako…

– Šta pričaš? Kako nisu njihovi? Ovi dripci što me drže ovde i samo odbijaju žalbe?

– Pa nisu…

– Pa čiji su onda?

– Pa naši!

– Ti to mene… Kakvi naši? Gde su one mlade sudije sa našeg spiska, sa poslednjeg izbora? Ovi što smo im osnovali udruženje? Gde je naš spisak? Daj mi nekoga od njih da uzme predmet! Razumeš? Zovi onog malog što smo ga postavili za predsednika suda čim je položio pravosudni! Rankovića! Ili onog drugog… kako se ono zvaše… Rokvić! Da! Zovi Rokvića!

– Pa… ne znam kako da vam kažem… sude vam baš oni. U međuvremenu su napredovali. Rokvić je bio predsednik veća koje vam je produžilo pritvor… I to je napisao rešenje tako da, bogami, ispada da nikada nećete ni izaći. Trajno uznemiravate javnost! A Rankovićevo veće vam je u dva-tri reda odbilo žalbu, tako da…

– Čuješ li ti sebe šta govoriš? Hoćeš da mi kažeš da su ih sve pokupovali? A?

– Ma neću… samo…

– Šta samo?

– To samo znači da više niste na vlasti. I da oni sada više nisu vaši, nego…

– Nego su njihovi? To hoćeš da kažeš?

– Pa tako nekako... Mada je i to privremeno... Čim ovi za nekoliko godina zglajznu, evo naših sudija opet kod nas... Mislim, kod vas... ovih njihovih...

– Majku ću im ja majčinu, samo kada izađem odavde! Nađi onda nekog poštenog! Bilo koga! Nekog ko će da pogleda predmet i da vidi da tu nema ni *d* od dokaza. Pod hitno!

– Ma našao bih, nego...

– Šta?

– Nego nemam koga da nađem.

– Kako nema koga, budalo jedna? Nekog poštenog! Nema veze da li je naš ili njihov, samo da je neko častan, na koga sad ovi njihovi ne mogu da utiču. Ako treba i da mu platimo! Razumeš?

– Mislite, nekog njihovog koje ovi naši ne mogu da nahuškaju protiv nas?

– Pa... tako nekako...

– Ali nema ni takvog.

– Šta pričaš bre to? Kako nema?

– Pa... sve ste ih oterali. Sećate li se da je bila reforma... Sada su njihovi postali advokati, savetnici, trgovci... Neki su i pomrli... Neki samo što nisu... Neki se odselili... A naši su postali njihovi... A vi znate kakvi su naši...

– Slušaj bre, branilac, da ti ja nešto kažem! I tebe ću ja da uhapsim čim izađem odavde! Ima da te obesim! I ti si bre njihov, znaš! Majku ću majčinu ja i tebi!

– Nemojte tako! Polako... Ja nikada nisam bio njihov! Ja sam vaš, ali vam samo kažem kako stvari stoje.

– Ma šta bre nisi? Vidim ja u koju ti tikvu duvaš! Evo... ni žalbu ne znaš da napišeš. Pogledaj samo šta si natrućao ovde. Ovo nema veze s vezom. Čak i ja, koji nisam pravnik, vidim da je ovo pisano kao da si jeo bunike!

– Pa ja i nisam pravnik…

– Šta to pričaš?

– Ja sam završio ovu zanatsku… za mašinoglodače…

– Auuu… sreće moje! Pa ko ti onda dade diplomu?

– Pa, onaj vaš…

– Koji bre naš?

– Pa vaš ministar prosvete, onaj Leka… Što je pre bio šef knjižare u Ražnju… Išao sa vama u osnovnu… Sećate se kada ste rekli da mu se javim jer vam hitno treba šef Pravne službe?

– Sećam se… Au, majku ti majčinu… Leka te, znači, školovao! Auuu! Pa ja neću da izađem odavde nikad!

– Vidite da ne lažem da sam vaš!

– Vidim, bogami! Ne lažeš!

– A vi upali u paraliju.

– Kaže se *paranoja*, budalo te budalo jedna nepismena! Paranoja!

– Pa zar to nije na moru?

– Jeste! Naravno da je na moru, branioče! Idi sada lepo na to more i povedi, ako nađeš, još nekog našeg! Pa ako bog dâ, da se svi vi naši, na tom vašem moru, onako lepo, podavite!

5. septembar 2018.

Bitno i nebitno

– Okrivljeni, da li priznajete da ste izvršili krađu?

– Koju?

– Ove dve kobasice, ove što navodi tužilac.

– Priznajem, poštovani sude… Bio sam gladan…

– U redu. Danka, stavite ovako… „Okrivljeni u potpunosti priznaje da je oduzeo tuđu pokretnu stvar u nameri da njenim prisvajanjem pribavi sebi protivpravnu imovinsku korist…"

– Izvinite… Hteo bi' još nešto da kažem…

– Samo ako je bitno. Potrebno je da razlikujete bitno od nebitnog, da ne gubimo vreme!

– Pa… Mislim da je bitno.

– Hajte onda… Mada, već kasnimo…

– Bio sam strašno gladan!

– Dobro, to smo već čuli. Ima li nečega što je bitno?

– Pa zar to nije bitno?

– Šta?

– Pa… to da sam bio mnogo gladan i da sam kobasice uzô zbog gladi.

– Nema potrebe da ponavljate ono što ste rekli. Gladni ili siti, ukrali ste ih. Da li se kajete?

– Kajemo se. Naravno da se kajemo. Ali…

– Unesite u zapisnik da se okrivljeni kaje. Šta ali?

– Tri dana nisam ništa jeo… Bio je onaj mraz za Svetog Jovana, pa ljudi nisu izlazili iz kuće ni đubre da bace, kontejneri prazni… A umrla je gospođa Soka iz prizemlja, koja mi je, kada hrani mačke, ostavljala hleb u kesi… Ničeg nije bilo da se jede te nedelje. Samo sneg i pikavci.

– Pobogu, razumete li vi srpski? Koliko puta ponavljate jedno te isto? Odgovarajte na pitanja koja vam postavljam, i nemojte da mi pričate priče.

– Oprostite… Mislio sam da je to bitno.

– Šta?

– Pa da ništa nisam jeo. Ni mokru koru hleba. I da kobasice ne bi' uzô da nije bilo tako. Ne znam da li ste to nekad doživeli…

– Pustite vi mene. Ne sudite vi meni, nego ja vama, i nemojte da me prekidate. A ako baš želite da znate, ni ja od jutros ništa nisam jela, pa ne kukam.

– Izvinite… Ja ne znam tu proceduru, samo sam želeo da vam objasnim zašto sam pojeo… I mislio sam da je bitno… Ali eto, i vi kažete da ste gladni pa ništa…

– Molite li za sebe što blažu kaznu?

– Šta da molim?

– Da vas blaže kaznimo. Da ne idete u zatvor.

– A je l' to bitno?

– To je bitno, ne bih vas pitala da nije.

– Onda molim. Vi najbolje znate. Ja ne znam da razlikujem šta je bitno… Samo sam bio gladan, i uzeo sam…

– Dosta više! Sedite!

– Razumem.

– Osuđujem vas na novčanu kaznu od sto hiljada dinara. Umesto zatvora dobili ste blažu sankciju. Platite to i slobodni ste. Prihvatili smo da ste delo učinili u posebnim okolnostima, iako za to i nema baš nekih dokaza. Izašli smo vam u susret. Da li ste razumeli?

– Razumeli smo... Samo...

– Molim vas, nemojte opet... Pre pola sata je počela pauza, a mi još uvek...

– Neću, nego... Ne znam da li je i to bitno, ali...

– Šta sad da li je bitno?

– Ja ne mogu da platim tu kaznu.

– Kako to mislite?

– Tih sto iljada... Ja tol'ke pare nikad nisam vidô u životu...

– Molim?

– Ja nemam ni iljadu dinara... Ja nemam ništa, sudijo! Ne znam da li razumete?

– Gospode Bože! Zamajavate me nekakvim pričama, a najbitniju stvar, da nemate da platite, niste mi rekli! Sada moram da menjam zapisnik. Vidite li vi šta radite?

– Pa kako nisam rekô? Rekô sam da sam uzô kobasice jer ništa osim pikavaca nije bilo... Jedino što nisam znao da razdvojim bitno od nebitnog... Izvinite...

– Ništa... Ako nemate da platite, onda mora zatvor. Danka, prepravite samo zadnji red: „... pa ga sud osuđuje na tri meseca zatvora!" Je l' sad u redu?

– Jeste! Hvala sudijo! Bolje zatvor. Vi najbolje znate šta je bitno... Šta ja znam...

– Znamo. Zato smo tu... Doviđenja.

– Doviđenja.

– Danka, pomerite mi, molim vas, sledeći pretres za pola sata, jer ću se srušiti. Od jutros sam samo onu vašu kiflu stavila u usta. A ovaj zapeo o kobasicama i gladi ko u inat!

29. jul 2018.

Neobična priča o tužiocu Gvozdenu Sekiri

Bilo je to zaista davno, toliko davno da se ni najstariji više ne sećaju te priče. Negde u vreme kad su sudovi utvrđivali materijalnu istinu i kad nije bilo toliko nevinih ljudi kao što ih, navodno, ima danas. Negde u to vreme je sve počelo. A počelo je otprilike ovako…

Tužilac Gvozden Sekira već izvesno vreme osećao se beskorisnim. Zapravo, činilo mu se da, otkad je pre tačno 35 godina kročio u oronuli tužilački kabinet, drugačije osećanje nije ni poznavao. Decenijama su se njegove aktivnosti svodile na uobličavanje krivičnih prijava, predlaganje dokaza koje je policija već prikupila, i ostajanje *u svemu* pri optužnici u završnoj reči. Imao je utisak da je postao nevidljiv i nepotreban, i da niko ne bi ni primetio kada bi jednom zauvek prestao da se pojavljuje u sudnici.

Sudije bi ionako i dalje sve radile same, braniocima bi i dalje bilo svejedno da li je tužilac prisutan ili nije, a okrivljenima… njima je, razmišljao je Gvozden Sekira, ionako svejedno kada se jednom dokopaju sudskih odaja. Čitava njegova aktivnost svih ovih godina, verovao je, svodila se na to da napiše kakvu-takvu optužnicu i dostavi sudu papir koji je, iz razloga koji mu i dalje nije bio u punoj meri razumljiv, formalno bio neophodan da bi predstava mogla da počne.

I zbog toga je rešio da nešto preduzme. Nešto što bi te nadmene suce i nakinđurene fiškale barem na trenutak nateralo da obrate pažnju na njega. Pored toga, obradovala ga je pomisao da bi u čitavoj toj stvari konačno mogao i da se malo zabavi.

Razmišljajući o mogućim modalitetima planiranog preokreta, došao je na neobičnu ideju. Napisaće optužnicu koju niko osim njega neće moći da razume. Sastaviće toliko komplikovano i nejasno štivo da će svi ti mudraci morati, hteli – ne hteli, da se sete tužioca Gvozdena Sekire! Neće više moći samo da brzaju, automatski izvode dokaze i izriču kazne. Moraće da zastanu i pomuče se! Zuriće u optužnicu kao u svitak pre Kamena iz Rozete! Zvaće ga za pomoć i tumačenje! Postaće neophodan!

Rečeno – učinjeno. Tužilac Sekira sastavio je jednu od najnerazumljivijih optužnica koju je ljudski um mogao da smisli. Pisao je neprekidno, bez tačke i zareza, koristeći se samo jednom kilometarskom rečenicom, koja se protezala na gotovo dvadeset gusto kucanih stranica! Nikada do tada takva optužnica nije ugledala svetlost dana! Započinjao je opise radnji jednog izvršioca, a onda nastavljao generalnim napomenama o drugom. Bez ikakvog logičkog redosleda, opisivao je kompleksni događaj, ne ostavljajući čitaocu ni najmanju mogućnost da vremenski i prostorno poveže zbivanja. Misli je završavao u pogrešnom padežu. Iznenada je opisivao postupke lica, koja prethodno nisu bila pomenuta, ističući njihove uloge u komplotu, koji prethodno nije ni bio pomenut. Kao u dečjim brzalicama (superkalifradžilistikekspialidoušes), koristio je nepoznate i izmišljene izraze i poštapalice. Haotični tok svesti verno je prenosio na papir.

Kada je završio pisanje, svečano je pokušao da pročita napisano. Na svoje zadovoljstvo, konstatovao je da se trud isplatio. Tekst je bio u potpunosti nečitljiv! Uspeo sam! – pomislio je razdragano. Nateraću sudije i advokate da se, čitajući ove besmislice, konačno pomuče. To će mi, napokon, posle toliko vremena, pružiti barem malo zabave – mislio je tužilac Sekira.

Očekujući narednih dana poziv za pomoć od onih koji su ga do tada tako oholo ignorisali, ipak je osećao tremu. Optužnica je bila u toj meri nerazumljiva da se, i pored svega, plašio ismevanja. Šta ako me, umesto pozivanja na konsultacije, izvrgnu ruglu ili mi za kaznu narede da naglas čitam napisano? – razmišljao je tužilac Gvozden Sekira očekujući glas.

Pa ipak, na njegovu žalost, nije se dogodilo ni jedno ni drugo. Prvo razočaranje doživeo je kada je njegova šifrovana optužnica, bez ikakvih problema, prošla sudsku kontrolu. Rešenje o njenom potvrđivanju doneto je ekspresno, činilo mu se, brže nego ikada dotad. Bio je toliko zatečen da je nekoliko puta proveravao broj predmeta, nadajući se da je reč o nekom drugom, a ne o predmetu koji je trebalo da napravi očekivanu promenu u njegovom životu. Kada je shvatio da se to nije dogodilo, pokušao je da očuva borbeni moral. Kuražio je sebe da će se stvari svakako promeniti na glavnom pretresu, kada će sud konačno morati da mu se obrati i da zahteva od njega pojašnjenje.

No, neprijatni događaji za tužioca Sekiru tek su bili na pomolu. Ista ta optužnica, koju ni on nije mogao da razume bez posebnog šifrarnika, omogućila je brzopotezno suđenje i prvostepenu presudu. Bez ikakve korekcije, sud ju je prepisao, izričući okrivljenima dugogodišnje zatvorske kazne. U jednom trenutku, tužilac Sekira je bio u toj meri revoltiran ovakvim razvojem događaja da je čak u završnoj reči, suprotno svim pravilima struke, poželeo da ukaže na nerazumljivost optužnice, ne bi li probudio učesnike u postupku, ali je ipak, kada se pribrao, odustao od te namere. Ništa se (sada je to čitaocu svakako jasno) nije dogodilo ni na apelaciji. Branioci su se, doduše, žalili na kaznu, ali niko, baš niko, nije pomenuo da je optužnica tužioca Sekire potpuno nerazumljiva.

I pored razočaranja, tužilac Sekira nije želeo da odustane. Rešio je da još jednom pokuša. Ovoga puta napisaće još nerazumljivije štivo – optužnicu koju baš niko neće moći da odgonetne! Biće to prava kakofonija slova, misli i znakova. Neće biti nijednog smislenog retka! Čitaocu će pripasti muka čim pročita prve redove!

Međutim, iako je na posao prionuo s novim elanom, rezultat je bio isti. Potvrđena optužnica, održan glavni pretres i osuđujuća presuda bili su jedini rezultat njegovog poduhvata! Iz nekog neobjašnjivog razloga, optužnice tužioca Gvozdena Sekire, nerazumljive i njemu samome, nepogrešivo su razumeli sudije i advokati. Ali moje optužnice su besmislene! – vikao je u očajanju tužilac Sekira u svom oronulom kabinetu. Niko, međutim, nije mogao da ga čuje, tako da je nastavio da ređa neželjene tužilačke uspehe.

Međutim, nesrećnog tužioca Sekiru tek je čekalo najneprijatnije iznenađenje. Naznaku potpunog sloma njegove ideje predstavljala je optužnica koju je jednog jutra ugledao na stolu koleginice. Bila je pisana istim stilom kao i njegova. Pored toga, i koleginica je dispozitiv protegla na desetak stranica, u jednoj jedinoj savršeno nerazumljivoj rečenici. Bio je ogorčen. Da li je moguće? Možda je, u želji da i ona postane potrebna, rešila da ukrade njegovu ideju?

Međutim, nije stigao ni da porazgovara s koleginicom, a već su, jedna po jedna, počele da pristižu nove i nove optužnice, pisane (pogađate!) njemu dobro poznatim stilom. Sekira je bio očajan. Pokušavao je da razgovara s kolegama. Molio ih je da mu objasne zašto odjednom svi pišu nerazumljive optužnice u jednoj rečenici, s besmislenim obrtima, ali niko nije umeo da mu odgovori. Pokušavao je da sazna zbog čega su ponovo svi krenuli putem koji je on osmislio za sebe, i koji je trebalo da ga dovede do promene. Međutim, kolege su ga izbegavale, i tek poneki od njih bi mu nevoljko odgovorio da je takav način pisanja njihova obaveza, ustanovljena odavno postojećom praksom.

Shvativši da je pokrenuo lavinu koju više ne može da zaustavi, tužilac Sekira tonuo je u sve dublju depresiju. Istovremeno, izgubio je i poslednji adut u borbi za prepoznatljivost. Ne samo da nije postao prepoznatljiv i neophodan već mu se činilo da je njegova bezličnost bila izraženija nego ikada. Njegov izum preuzeli su drugi i ubrzo je takav metod postao u potpunosti prihvaćen, a da niko nije znao da ga je upravo on, tužilac Sekira, izumeo.

Nedugo nakon što je pisanje potpuno nerazumljivih optužnica postalo standard i gotovo jedini vid obraćanja tužioca sudu, duboko potišten i osamljen, tužilac Gvozden Sekira otišao je u invalidsku penziju, i potom više niko nije čuo za njega. Nesrećan zbog još jednog u nizu životnih neuspeha, verovatno nikada nije shvatio da je, i pored svega, ako ne on, njegovo delo postalo priznato, cenjeno i neophodno. Jer ono što je nekada davno započeto kao svojevrsni egzibicionistički eksperiment razočaranog anonimusa, u međuvremenu je postalo jedini priznati način pisanja optužnih akata od strane čitave organizacije kojoj je pripadao.

Zato, dragi čitaoče, kada sledeći put pročitate optužnicu ili presudu koje vam se učine besmislenim i gramatički neispravnim, zastanite za trenutak. Pre nego što izvedete uobičajene zaključke, setite se decenija uloženih u ovaj projekat, odajte poštu generacijama onih koji su s kolena na koleno ovakav stil prenosili i čuvali od zaborava, i naposletku, setite se tužioca Sekire i nevolje koja ga je povela na dugi put borbe za ono što danas predstavlja naše pravno nasleđe. Ako na ovakav način pristupite tome, počećete da cenite ono što imate pred sobom, iako znate da je besmisleno to što se od vas zahteva. Jer samo ceneći i razumevajući nerazumno, bićete u mogućnosti da u punoj meri odgovorite zahtevima današnjice. Zahtevima koje pred vas postavljaju naši savremeni heroji, te bezimene inkarnacije gurua besmisla, našeg večnog junaka Gvozdena Sekire.

4. jul 2017.

Kockice za jamb

„Kako uspevaš da znanjem, kojim nesumnjivo raspolažeš, pomogneš klijentima u ovakvom pravosudnom sistemu?“, upitao sam svojevremeno prijatelja advokata. Odgovor koji sam dobio naterao me je na neuobičajeno razmišljanje.

„Nikako!“, odgovorio je smireno. „Malo toga uspevam da ostvarim znanjem. Uzdam se zato u statistiku. Jer iako tamo gde raspolažem najjačim argumentima gotovo redovno gubim, reći ću ti pošteno da tamo gde sam najslabiji i ne raspolažem ikakvim argumentima, neretko odnesem briljantnu pobedu!“, uskliknuo je. „Drugim rečima, na sistemu velikih brojeva, nekakva pravda ipak bude zadovoljena. Nevidljiva ruka srpskog pravosuđa i neumitna snaga sistema verovatnoće sve to nekako pravično poravnaju“, odgovorio mi je uz osmeh, ostavljajući me zamišljenog.

I zaista, nepredvidivost domaćih sudskih odluka, nedokučivost sudske prakse, neobrazloženost presuda… jednom rečju, sva ta neizvesnost, koja se valja domaćim sudnicama, može, ne bez osnova, dovesti do naizgled bizarne dileme: Da li bi bilo previše razmisliti o sistemu koji bi, kada već stvari tako funkcionišu, umesto formalnog sudijskog odlučivanja (koje u velikom broju slučajeva ne donosi ništa suštastveno korisno), stvari prepustio sistematskoj i organizovanoj, umesto samovoljnoj i stihijskoj aleatornosti? Ako već ne postoji kapacitet za korenite izmene i ako već reforme svodimo na statistiku, da li bismo u budućnosti ishode sudskih postupaka mogli i formalno prepustiti žrebu i kocki?

„Tužioče, molim vas, vi prvi bacate!“, uzvikuje sudija, pružajući mu, u prisustvu ostalih učesnika, prethodno prekontrolisan i sveže raspakovan set. „Hvala! Broj pet! Molim da se zapisnički konstatuje i istakne na monitoru. Ako nema primedbi, prelazimo na okrivljenog! Odlično – broj tri! Zapišite, molim. Konstatujem da je tužilac u predmetu K-111/15 uspeo u dokazivanju! Sledeći!“

Iako vam sve ovo na prvi pogled možda deluje apsurdno, upozoravam vas da ne zaključujete prerano. Iako sam i sâm na početku bio skeptičan, posle razgovora s kolegom shvatio sam da postoje brojne prednosti ovakvog odlučivanja.

Najpre, ako bi se ovakav princip usvojio, sudske odluke više nikada ne bi bile nerazumljive i neobrazložene. Svakome bi bilo jasno zašto je neko dobio, a neko izgubio spor, zbog čega je neko kriv, a neko oslobođen krivice, zbog čega je nekome produžen, a nekome ukinut pritvor... Za razliku od aktuelnog stanja, različite odluke imale bi različita korespondirajuća obrazloženja. Umesto „iskaz je logičan, životan i uverljiv, bla-bla-bla...“, kratko i jasno: „Odluka je doneta jer je tužilac dobio veći broj!“ Bez potrebe za tumačenjem i žalbom. Slučaj završen!

Pored toga, predmeti bi bili okončavani uz najveći ikada viđeni nivo efikasnosti! Efikasnost, ta boginja svih naših reformi, konačno bi dobila adekvatno mesto na putu evropskih integracija. Mogli bismo se pohvaliti i pred drugima. Naše pravosuđe kao lider u regionu (i šire) kada je reč o brzini rešavanja sudskih stvari! Briselske birokrate u transu!

Ne bi samo to bile prednosti. Kod ovakvog sistema odlučivanja bilo bi gotovo nemoguće ostvarivati uticaj na sudije i tužioce! Muljanja po kabinetima postala bi prošlost! „Kako da ti pomognem kada svi vide koji je broj ispao? Nemoguće je, veruj mi!“, jadali bi se muljatori. U redu, slažem se da i kod igara na sreću ima nameštanja, ali je opasnost od upotrebe neregularnih kockica ipak značajno manja od opasnosti od nameštanja redosleda prijema, donošenja odluka usled pritiska političara, rođačkih i poslovnih veza, molbi i slično. Pravosuđe bi, dakle, gotovo preko noći, htelo – ne htelo, postalo nezavisno i nepristrasno!

„Šta je s pravdom i pravičnošću?“, sigurno će se zapitati mnogi. „Kako ove osnovne vrednosti prepustiti slučajnosti i sreći? Kako te stubove savremenog sudstva predati na milost i nemilost kockicama za jamb?“

Ipak, pozivam vas da i ovde, pre donošenja konačnog suda, još jednom razmislite…

Verovatnoća pravične distribucije kod sistema velikih brojeva (znaju to oni koji se bave ovom oblašću) svakako nije manja u poređenju s pravičnošću ishoda koju distribuira sistem u kojem su značajni delovi odlučivanja unapred nepravično determinisani. Višestruka bacanja kockica, kada je reč o mogućnosti uspeha, dovode u isti položaj i bogate i siromašne, i vladare i podanike, i pametne i glupe, i vredne i lenje, i podobne i nepodobne… Ideal nedostižan mnogo uređenijim tvorevinama od pauperizovanog društva neprekidne primarne akumulacije kapitala. Pred tablom za jamb, kao retko gde, svi imamo jednake šanse, bez obzira na to da li poznajemo sekretara stranke ili predsednika suda i bez obzira na to na koju stranu je vladar na dnevniku okrenuo palac! Koliko god nas progonili, voleli ili štitili, sve postaje besmisleno kada je kockica bačena!

Nije li to maksimalni domet domaćeg pravosuđa u aktuelnom trenutku? Nije li to daleko više od onoga što, barem mi koji se u ovom trenutku predajemo sistemu, možemo očekivati za naših života? Kada već nije moguće obezbediti sistem pravde zasnovan na zakonu, izborimo se za sistem pravičnosti zasnovan na sreći! Bilo kakav kriterijum bolji je od kriterijuma koji ne postoji!

Ako vam se (kao i meni), uprkos početnoj sumnjičavosti, posle svega izloženog, ovakav predlog dopao, neću biti iznenađen. Većina nas ionako je, na različite načine, sopstvene živote odavno stavila na kocku. Učinimo zato, po modelu koji sam izložio, tradicionalno (i očigledno nepravično) omraženo kockanje društveno korisnom aktivnošću! Ako iko to može, možemo mi! Jer u našem slučaju, kao što smo videli, suđenje po procesnim pravilima barbuta, tombole i jamba predstavlja najkraći, a možda i jedini mogući put do pravne izvesnosti, jednakosti i pravde.

15. avgust 2017.

Konferencija za novinare

– Možete li nam, molim vas, reći šta je sa nestalim…

– Naravno! Nestala osoba je pronađena, dobro je, ništa joj ne fali, u našim je rukama i sada će morati da nam odgovori na neka pitanja.

– Oprostite… Prekinuli ste me, i zbog toga me niste razumeli. Pitanje se nije odnosilo na nestalu osobu. Interesuje me šta je sa nestalim institucijama?

– Ne razumem šta pitate. Je l' to opet neka provokacija?

– Ne, ni slučajno. Pokušaću da vam objasnim… Na mestu na kojem se vi i vaši saradnici u ovom trenutku nalazite, trebalo bi da se nalazi republički javni tužilac, ili barem javni tužilac koji obrađuje predmet povodom kojeg ste nas ovde okupili. U uređenom društvu, on bi nas obavestio o tome šta je Tužilaštvo preduzelo, kao i o tome šta je tim aktivnostima otkrilo, svakako pazeći da otkrivanjem osetljivih informacija ne naškodi istrazi. U tom smislu, pojedine informacije ni vama, baš kao ni ostalim građanima, u ovoj fazi postupka ne bi bile dostupne. Međutim, kao što vidimo, jedini koji bi trebalo da bude ovde nije tu, a vi, kao što čujemo, raspolažete njegovim saznanjima. Pritom, kao što ste verovatno primetili, ovo nije usamljen slučaj. Tužioca i inače nema, a vi i inače raspolažete tužilačkim podacima, i sve to daje razloge za zabrinutost.

– Molim vas, kakve su to gluposti?

– Hm... Možda su to za vas gluposti, ali zabrinuti smo, jer već izvesno vreme postoje govorkanja da je i ta institucija nestala i da je odavno niko nije video. Zato bismo vas zamolili da nam kažete kakva su vaša saznanja o tome, i da li barem vi znate gde je.

– To su izmišljotine! Nadležne institucije će i ovoga puta obaviti svoj deo posla!

– Svakako, kao i obično. Ali morate razumeti našu brigu. Kako da znamo da, recimo, i tužilac nije otet i da, dok mi ovde razgovaramo, on vezanih ruku ne čami u nekom podrumu, u koji mu samo donose akta na potpis? To bi bilo prilično uznemirujuće, zar ne? Ili pak da čitava institucija javnog tužilaštva nije kidnapovana i naterana da se ponaša kao da je sve u redu?

– Vi ipak provocirate!

– Zaista mi nije to bila namera. Štaviše! Evo, daću vam, ako dozvolite, i jedan predlog.

– Ako baš morate, izvolite!

– Zašto mu, na primer, ne dozvolite da se povremeno javi kratkom porukom?

– Kome?

– Pa, tužiocu. Ono, znate: „Tu i tu sam... dobro sam... paze me... ne brinite za mene..." Ili ako je operativno neprihvatljivo da otkrije lokaciju na kojoj se nalazi, barem da javi da je živ. To dozvole i profesionalni otimači... Na taj način bismo se najpre uverili da je u bezbednosnom i medicinskom smislu sa tužiocem sve u redu. Pored toga, predupredili biste uvek moguće maliciozne tvrdnje i bespotrebno širenje panike.

– Slušate li vi sebe? Da se javi porukom? Baš je dobro da narod čuje šta tražite.

– Ne shvatate da sve ovo predlažemo iz najbolje namere. Zamislite, recimo, ovakvu situaciju. Možda tužilac i nije otet. Možda je sve posledica njegove samostalne odluke, ili je u pitanju dobrovoljno izgnanstvo. Možda se, na primer, plaši otvorenih prostora i velikog broja ljudi. Možda pati od agorafobije. A možda je i on inscenirao nestanak kako bi izazvao paniku, kao i ovi probisveti sa vodom. Možda ste vi zaista i tu iz objektivnih razloga prinuđeni da sami zasučete rukave… Ali ako biste ga najpre malo-pomalo izvodili na ulicu ili na manje skupove i tako okuražili, moguće je da bismo bez preteranih teškoća rešili i tu zavrzlamu. Možda je i to sa njim samo bura u čaši vode, ispravne naravno.

– Ma dajte, molim vas. Kakve su to gluposti? Uostalom, podsetiću vas na to da su građani na izborima rekli šta misle o vašim idejama!

– Ah, da… Shvatam… Ali ako već ne dozvoljavate poruke, kao ni izvođenje među ljude, možete li nam onda barem vi konačno reći gde je? Da li da ga i dalje tražimo, ili da se pomirimo sa istinom i dignemo ruke? I da li biste, u tom slučaju, u skladu sa pravilima vanparničnog postupka, morali razmisliti i o pokretanju postupka za proglašenje nestalog lica za umrlo. Znate ono, usaglašavanje pravnog i faktičkog stanja…

– Dosta! Sada ste stvarno preterali! Odgovoriću, samo da posle ne biste rekli da nisam želeo da vam odgovorim, iako sam siguran da većinu normalnih građana uopšte ne interesuju ove gluposti. Dakle, tužilac je dobro i dlaka sa glave mu ne fali. U našim je rukama, nema nikakve vidljive povrede i dobro se i redovno hrani! Proveravamo njegove kontakte, i uskoro ćemo moći da detaljno rekonstruišemo njegovo kretanje i aktivnosti u poslednjih nekoliko godina. Jeste li zadovoljni?

– Hvala vam.
– A sada vas molim da vi meni odgovorite na jedno pitanje.
– Izvolite.
– Zašto uvek postanete tako nervozni kada čujete dobre vesti?

17. jun 2018.

Neprijatni slavski gost

Dobro vaspitani srpski državni činovnik ponaša se kao dobro vaspitani slavski gost. Baš kao da je reč o zvanici na proslavi (a ne o nekom bezimenom birokrati, koji ima rigidno postavljene nadležnosti i obaveze), on, u skladu sa pravilima građanskog bontona, za trpezom domaćina koji ga je udostojio odabira, ne pokreće neprijatne teme. Onome koji ga u tom trenutku hrani i u čijem domu boravi ne postavlja neugodna pitanja. Ne pridikuje i ne duri se, povremeno udeli kompliment, ali ipak većinu vremena mudro ćuti i jede. Ukoliko to okolnosti nalažu, dobro vaspitani srpski državni činovnik pretvaraće se da ne oseća da je vino prokislo, da je pivo mlako i da krov prokišnjava. Kada domaćin krene sa hvalisanjem, preuveličavanjem i izmišljotinama, učtivo će izbeći da protivreči. Neće uputiti znatiželjni pogled ka fleci na domaćinovoj košulji… Dobro vaspitani srpski državni činovnik svestan je činjenice da je njegovo prisustvo za trpezom u punoj meri zavisno od volje ceremonijal-majstora.

Situacija za srpskim institucionalnim stolom tako je, mahom, harmonična.

A i gosti su odabrani... Sudija Ustavnog suda, kao najviši gost, trudi se da bude i najkulturniji. Nastoji da nikoga ne povredi sopstvenim mišljenjem, naročito ukoliko je reč o značajnim i kontroverznim pitanjima. Uviđavan je, jer zna koliko je teško u današnje vreme organizovati svetkovinu i koliko bi domaćinu bilo teško da baš sada sluša njegove pridike. Njegov kolega iz Vrhovnog, kao gost koji je proteklih godina više puta skidan sa spiska zvanica, takođe se trudi da bude što neprimetniji. Još se živo seća kako mu je, promrzlom, teško bilo gledati u osvetljene prozore toplog domaćinovog doma dok je (zbog intrige i domaćinove preke naravi) bio u nemilosti. Posebno uviđavan je komšija tužilac. Nepretenciozan, ali pravi štimung-majstor! On se unapred raspita o domaćinovim navikama, hobiju ili muzici koju ovaj voli, i onda, kao istinski dobronamernik, neretko baš tu ariju u prigodnom trenutku lagano zapeva... Profesor, iako nije državni uposlenik, često se ponaša još uviđavnije. Kad god pomisli da bi moglo doći do neprijatne situacije, spremno reaguje ispričavši vic ili nazdravljajući! Ukoliko ga domaćin zamoli, spreman je i da skokne po piće...

Dobro vaspitani srpski državni činovnici zaslužni su za duže idilične periode na srpskoj institucionalno-slavskoj sceni.

Međutim, s vremena na vreme dogodi se nešto nepredviđeno i u domaćim prilikama teško objašnjivo. Umesto da uživa u datim privilegijama, pruženom obroku i mestu za trpezom, poneki, na sreću retki, državni činovnik, ničim neizazvan, počne da pravi probleme. Da pokreće neprikladne teme... Kreće da zapitkuje... Umesto da se nenametljivo pridruži, ovakav neotesanac prekida višeglasno pojanje i zdravice u čast domaćinu... U neskladu sa dobrim običajima, počinje da upozorava domaćina da se odnekud u kući oseća dim i da se neko od gostiju ispovraćao u toaletu! Da je video batlera kako pretura po kaputima gostiju!

Ovakav državni činovnik se, najčešće, ne zaustavlja. Ne uočava da je preterao i da svojim neprimerenim gestom vređa sentimente ostalih fino vaspitanih državnih činovnika. Umesto da se povuče – on kao da se još više zahuktava! Poziva! Zapitkuje! Otvoreno i istinito odgovara na pitanja! Kao da umisli da je baš on neki istinoljubac! Nekakav zaštitnik domaćinovog doma, ostalih gostiju ili čak i onih koji nisu pozvani za trpezu... Nekakav uzbunjivač! Ponekad se, što je još gore (ali na sreću izuzetno retko!), dogodi da neki od ovakvih vagabunda umisli i da je nezavisan! Da to što se nalazi na spisku zvanica i što je pozvan na čast ne znači da je i dužan da prećuti to da se čuje i nekakvo veoma čudno roptanje iz ormana u spavaćoj sobi! Govori kao da bunca... Da je zakon jednak za sve! Da je zahvalan na pozivu i časti koja mu je ukazana, ali da je dužan da i pored toga kaže šta je video! Da je spreman da bude proglašen i neželjenim gostom ako je to cena njegovog integriteta...

Razumljivo, ostali gosti su u čudu! Pojedini se od neprijatnosti brane tako što se prave da ne čuju ovog neprijatnog čudaka... obaraju pogled... cokću... Poneki izlaze iz prostorije... idu po piće... nazdravljaju domaćinu... kašlju... okreću na šalu...

Najbliži porodični prijatelji ipak ne žele da se povuku pred bahatom zvanicom. Prvo se jave kumovi. Iako su do juče verovali da je reč o razboritom čoveku (a neki se i pred drugima hvalili njegovim prisustvom!), posle ovakvog ispada, razumljivo, uzvikuju da su to što gost govori gluposti, ali da ipak ne očekuju od takvog bestidnika da se izvini! Kakav dim? Batler lopov? Kakvo roptanje iz ormana? Radikalniji i odaniji počinju da dobacuju da pridike ne može da drži neko „kome su ruke duboko u medu"! Tajkun! Lažov! Plaćenik! Kriminalac! Novinar (koga do tada niko nije primetio) odnekud vadi fotografije nepristojnog gosta, nastale u toaletu, dobijene od proverenog izvora, i deli ih ispod stola... Domaćin pak samo ponavlja da je zapanjen, ali da neće da se meša, i da ima mnogo pozvanijih gostiju (među kojima dominiraju delioci pravde) da nepristrasno ocene ovakvo ponašanje.

I u do tada idiličnoj atmosferi, nakon bezumnog čina ovog *legaliste*, ostalima postaje nepodnošljivo. Prvi se kući povlači sudija Ustavnog suda, koji se u ovakvim situacijama nikada ne meša (a i već je kasno...). Za njim kapute traže tužilac i kolega iz Vrhovnog, obavezujući se domaćinu da o ovome nikome neće pričati, ali i da će čitavu stvar (naravno, nepristrasno i u skladu sa zakonom) hitno ispitati... Profesor pre polaska uznemirenom domaćinu kuva kafu, masira glavu i obećava da će reagovati u autorskom tekstu već koliko sutra...

I već narednih dana, polako na videlo izbija pravi uzrok neprimerene reakcije onog tobože *nezavisnog* uzbunjivača i *spasioca*. Nenametljivi novinar, koji je sedeo za stolom, utvrdio je iz proverenih izvora da je reč o korumpiranom amoralnom izgredniku, psihički poremećenoj osobi, koja se najpre ispovraćala u toaletu, zatim zapalila vatru u domaćinovoj radnoj sobi, preturala po kaputima gostiju i zatvorila se u orman, odakle je roptala! Objavljuju se još neke fotografije na kojima sve postaje potpuno jasno... reč je o izopačenoj amoralnoj nakazi!

I baš kada svi očekuju da srpski domaćin ne samo trajno izbriše sa spiska slavskih zvanica razularenog gosta, već i da kod svojih uticajnih kućnih prijatelja izdejstvuje sankcije (možda i prisilnu hospitalizaciju) zbog onako grubo narušenog ugleda, on, kao tradicionalno milosrdan svečar, čini suprotno. Dozvoljava nepristojnom gostu da i narednih godina posećuje njegov dom i uživa u slavskim đakonijama. (Doduše, iz razloga organizacione prirode i promene programske šeme proslave, one će mu ubuduće biti posluživane u nekom od brojnih pomoćnih objekata prostranog domaćinovog gazdinstva.)

I harmonija će ponovo biti uspostavljena. Nepristojni slavski gost i dalje će moći do mile volje da bunca o dimu, roptanju iz ormana, batleru, zakonitosti, jednakosti, nezavisnom utvrđivanju činjenica i pravdi… Ali to više neće ometati ostale, pristojne slavske goste, lepo vaspitane državne činovnike, koji će konačno moći u miru da uživaju u teško stečenom pravu da se i sledeće godine nađu za bogatom domaćinovom trpezom.

26. januar 2015.

Komšijsko ćaskanje o ustavnoj reformi i drugim bolestima

„Možete li mi, onako narodskim rečima, objasniti šta se to događa oko Ustava?", upita me pre neki dan vremešna komšinica. „Videla sam vas na televiziji, ali nama običnim ljudima nije jasno zašto se sudije bune."

„Pokušaću", odgovorih, „ali bih morao da se poslužim jednim primerom."

„Može… Samo da razumem."

„Hoćete, svakako", odgovorih. „Zamislite da već izvesno vreme planirate odlazak u inostranstvo, recimo, u Nemačku, kako biste posetili decu koja su se tamo iselila. Pre putovanja odlučili ste da odete na lekarski pregled, kako biste ustanovili da li je put za vas bezbedan i kako biste predupredili moguće neprijatnosti sa tamošnjim imigracionim vlastima. Međutim, na pregledu je ustanovljeno da bolujete od veoma ozbiljne, ali ipak izlečive bolesti. Zbog vašeg trenutnog stanja i sa takvom dijagnozom, od Nemačke nema ništa…"

„Iju, komšija, daleko bilo…", uzviknu moja sagovornica. „Pa zašto baš bolest?"

„Kao što rekoh, reč je o primeru, a i bolest je izlečiva", umirih je. „Poslušajte dalje... Posle ovog saznanja odlučujete da konsultujete više različitih stručnjaka – lekara – kako biste dobili nekoliko različitih mišljenja i potom doneli odluku. Na kraju krajeva, u pitanju je vaše zdravlje. Svi do jednoga, uključujući i profesore medicinskog fakulteta, iskusne kliničke specijaliste, pa i predstavnike Srpskog lekarskog društva, slažu se u pogledu protokola. Predlažu operaciju, i posle toga primenu gotovo identične terapije. Istovremeno, iako ste uznemireni, uveravaju vas da je, uz odgovarajuće lečenje i striktno pridržavanje lekarskih saveta, potpuni oporavak moguć, i kako ćete se, ako ih budete slušali, u dogledno vreme ponovo vratiti uobičajenim životnim aktivnostima, pa i Nemačka više neće biti tako daleko."

„Uh... Sad mi je lakše", uskliknu komšinica. „Izlečivo, znači..."

„Još malo pažnje, moliću... Međutim, u tom trenutku dolazi do neočekivanog obrta. Na scenu stupa vaša negovateljica – dalja rođaka, koja sa vama odranije ima zaključen ugovor o doživotnom izdržavanju. To je, znate, ona situacija kada vam ona, kao, kupuje lekove i daje da jedete, a u stvari čeka da vam se sloši i useli se u vaš stan."

„Jao... znam... Stalno me saleću takvi rođaci, jer znaju da sam sama", progunđa komšinica.

„E, jedna takva", nastavih, „počinje da vas uverava u to kako su mišljenja doktora i profesora samo trabunjanja nepouzdanih ljudi, čiji je cilj da vam uzmu novac, i kako je, umesto toga, potrebno osloniti se na alternativnu terapiju, koja je već dala rezultate kod jednog njenog rođaka iz Crne Gore, koji u poznoj starosti džogira po Lovćenu. Terapija za koju se zalaže uključuje gutanje korena maslačka, vitaminskih bombona iz *Maksija* i gaziranih energetskih pića. Kako vas snaga sve više izdaje i kako ste prisiljeni da većinu vremena provodite u krevetu, osuđeni ste na oslanjanje na negovateljicu, a samim tim i na njenu *medicinu*."

„Jao...", reče komšinica, „to nikako ne izgleda dobro. Kakvo korenje i bombone? Kakav Crnogorac džoger? A još merka stan, kažete?"

„Još samo malo strpljenja... neće još dugo potrajati", rekoh. „Svesni ste toga da vam je stanje sve lošije, i da kopnite. Pored toga, nekoliko lekara, koji su čuli šta se događa, poručuju vam da hitno prestanete s neodgovornim ponašanjem, koje vas može koštati glave. Međutim, negovateljica je neumoljiva! 'Dok se ja staram o vama, ovako ili nikako drugačije!', poručuje. Negodujete, pominjete i mogućnost raskida ugovora, ali avaj... Nema nikoga ko bi mogao da vas čuje. Vaša *doktorka* vam je oduzela mobilni telefon, tapacirala vrata i zamandalila prozore. Istovremeno, obaveštava prijatelje i rodbinu da se ubrzano oporavljate i kako će za koji dan vaše stanje biti toliko dobro da ćete uskoro moći na put. Bitno je samo, kaže, ne ostavljati vas samu, jer ste, kada ste sami, najopasniji po sebe i sopstveno zdravlje. Morate uvek biti pod kontrolom! A dok sva ta agonija traje, vi iz kreveta nemoćno posmatrate kako sa momkom premerava kuhinju i dovodi arhitekte koje će se uskoro, čim dođe do ispunjenja osnovne ugovorne klauzule (mislim na vaše preseljenje u večna lovišta), pozabaviti preuređenjem vašeg prostora."

„Ne dam stan!", uzviknu razjareno komšinica. „Lopovi! Stanite!"

„Smirite se... Samo što nismo gotovi... Kako bi vas umirila, i pokazala da nije jedina koja tako misli, mlada negovateljica vam u posetu šalje pedikire, pekare i domaćice, kako bi vas okuražili da ste, uprkos svemu, na najboljem putu ozdravljenja i kako bi se i oni, kada bi se našli u vašoj situaciji, najpre odrekli doktora i jurnuli u *Maksi*. Moral vam podižu pričama o rođacima koji su, u stanju sličnom vašem, 'ustali iz mrtvih' kada su počeli nalivanje guaranom. Naposletku, kako bi vas trajno umirila i dokazala ispravnost svoje medicine, negovateljica od Evropske medicinske asocijacije dobija zahtevanu potvrdu o tome da vitaminske bombone s ukusom maline nisu izričito zabranjene u Evropi.“

„Ali to je stravično, komšija!“, uzviknu moja izbezumljena komšinica. „Pa zar su ljudi stvarno spremni na tako nešto zbog stana? Ta negovateljica je kao ona žena iz onog filma sa zatočenim piscem… Kako ono beše?“

„Mizeri“, odgovorih.

„E, to… Mizeri“, reče uzbuđeno komšinica. „Samo… rekli ste da ćete mi pojasniti ovo sa Ustavom, komšija… da ću to moći da razumem…“

„Pa, to vam je priča o Ustavu, draga komšinice“, odgovorih strpljivo, zagledan u njen zbunjeni lik. „Ako samo malo razmislite, shvatićete da se svi naši akteri iz priče nalaze i u našim svakodnevnim životima, pa i u onome što ja povremeno, doduše nešto drugačijim rečima, govorim na televiziji.“

Nekoliko trenutaka komšinica je ćutala razmišljajući, a onda iznenada reče:

„Ne dajte im stan, komšija! Ne dajte da otmu stan!“

„Nije bitan stan. Borimo se da sačuvamo vas, komšinice! Ne damo im da nam, zbog još nekoliko neotetih kvadrata, unište vas!“

U pogledu starice video sam da me je konačno razumela.

11. mart 2018.

Orkestar za mladu

Prisilna ljubav domaćih vlastodržaca i vladavine prava neodoljivo podseća na neprirodni brak novopečenih bogataša i klasične muzike. Baš kao što skorojević nevoljno angažuje gudački kvartet (podučen da na svadbi sa mladom iz inostranstva treba imati i poneki takt valcera), i domaći političar, svestan da Evropa preferira nezavisne sudove i podelu vlasti, mantra o tome kako su mu ovi prirasli srcu. Ipak, čim ostanu nasamo s orkestrom i sudovima, skorojević i političar vraćaju se izvornom melosu i navikama...

Jer skorojević, bez obzira na prohteve tazbine i naherenu leptir-mašnu, ne voli klasičnu muziku. Njegova noga cupka u drugom ritmu. Odrastao je uz Šemsu i Šabana, a Štraus mu nikako ne leži. Zna on da su gudači otmeni i da su u visokom društvu na ceni, ali nije to njegov fah.

„Da se ne lažemo", jada se kumu, „ko ono može da voli? Znaš da moram zbog njenih, da ne ispadnem seljak, ali ćemo posle, čim prođe ceremonija, mi one naše... Kao nekada, kada nije bilo mešanih brakova i kada nismo morali da se pravimo fini! Uostalom, ako baš moraju da cijuču, mogli bi barem da se presvuku i da malo prilagode repertoar. Umesto frakova (u kojima izgledaju kao pingvini), i njima bi bilo komotnije da gude u duksu.“ Od dirigenta će tražiti da odstupi od besmislenog pravila da nema naručivanja pesme! Tako bi svi bili zadovoljni – i mladini koji vole ovu šaradu i njegovi, koji moraju da je slušaju, ali makar u njima prilagođenom ambijentu. „Harmonika svira disko“, pomisli, i bi mu na trenutak lakše.

Ali kao što novopečeni ne mari za gudalo, tako ni njegov zemljak – političar, bez obzira na strategije i poglavlja, ne sentimentiše sudsku vlast. Justiciji se klanja po službenoj dužnosti, ali čim odu gosti iz Brisela, brže-bolje, sklanja je u špajz. Do sledeće seanse. Stasavao je u državi u kojoj se znalo ko kosi, a ko vodu nosi, i koja je sasvim lepo funkcionisala i bez svih tih grana. A ova treća, za koju ga stalno nešto zapitkuju i koja mu, kada god dune jači vetar, lupa u prozor, nikako mu se ne uklapa u planove. Zato je svako malo podrezuje (mada ne vredi)! Dobro, de, slaže se on... sudovi moraju da postoje, ali ne bilo kakvi! Pa ne misli valjda neko da će on da ih plaća, a oni da sude kako im padne na pamet! Gde to ima? Da kopaju po svemu i svačemu! Da zabadaju nos... Zna on dobro na šta bi se to svelo. Samo bi njemu dragi i bliski bili na optuženičkoj klupi. Neće moći! Biće sudova, ali prilagođenih našoj tradiciji i navikama! „Harmonika svira disko“, pomisli, i bi i njemu na trenutak lakše.

Kada god ga posmatraju, novopečeni bogataš žmuri i pravi se da uživa u Vivaldiju. Povremeno, naglašenim tapšanjem između stavova, prene muzičare... Gleda u pravcu tašte, očekujući odobravanje... Merka čelistkinju... Međutim, kako vreme prolazi, uz piće, novopečenom kočnice lagano popuštaju... Pogled se magli, a krv uzburkava... Predugo je u tesnim cipelama, stegnut leptir-mašnom i mučen klasikom... Ispija još jedno piće i ševrdavim korakom, držeći novčanicu u ruci, prilazi uplašenom dirigentu... Traži mu da polako, kada on nađe za shodno, pređe na nešto od Brene... Nešto po sopstvenom izboru... Kada ovaj, zbunjen, pojašnjava da takvu vrstu muzike ne sviraju, počinje da gubi strpljenje... Odjednom shvata da mu je dosta i svadbe i tazbine! Ako je ovo cena, ne mora ni da se ženi... I onda... prasak! Ne mogavši da izdrži još jedan predugi adađo, novopečeni bogataš potpuno gubi kontrolu!

„Ko te plaća, majmune?! Jer si ovde došao da mi držiš predavanja?! Pripazi malo šta sviraš! Možeš da gudiš do mile volje, ali Brenu i Tomu mi ne diraj! Znam ja dobro da ste vi i poslati da ih napadate, da je sve to hajka protiv njih! Nisi ti dirigent Bečke filharmonije, ćemanisto nijedan, već svirač na srpskoj svadbi! Šta umišljaš?! Šta? Žalićeš se tašti? Misliš da, ako znaš to tvoje cijukanje, da si izmislio muziku? Hoćeš sada da dovedem kamion trubača da te oduvaju sa sve tim frakom?"

Za to vreme, nije ništa mirnije ni kod njegovog zemljaka političara. Malo-malo, u sobi se pojavi poneki naduvenko, koji uzvikuje kako istraga mora biti sprovedena nezavisno... I malo-malo, onako umornom, učini mu se da neko pominje njegove prijatelje, saradnike... „Šta će Justicija u špajzu?", kao da čuje glas onog briselskog inspektora...

I sve to u njegovoj kući! Pod njegovim krovom! „Znam ja dobro da je sve to zavera!", viče i gubi strpljenje. „Ako je to cena integracija, bolje da ih i nema... Sve ću da vas razrešim i da dovedem nove... Mislite li da nemamo dovoljno sudija, pravnika? Pa kamioni novih i boljih čekaju samo na moj znak... Ima da dođu i da vam pokažu šta je suđenje! Marš napolje i vi i Brisel koji vas je napravio!"

Na dva kraja grada slična scena...

Kamerni orkestar za mladu (koji je domaćin u delirijumu popeo na staru jabuku), pijanom gazdi, po mesečini, svira Tominu *Danku*...

Nedaleko odatle, sudovi, isterani u dvorište između dve briselske vizite, sa treće grane, pevuše omiljenu gazdinu strofu... Tiho, gotovo nečujno, da ga, onako mamurnog, ne probude. Pevuše i nadaju se da će se neko iz briselske inspekcije ponovo setiti grane, pre no što je gazda, onako mamuran, konačno ne poseče…

Ako u međuvremenu, uz gazdinu pesmu, na trećoj grani, sami od sebe ne ugnjile.

18. mart 2015.

Strndžanje nad humkom

Postoji nešto duboko pagansko i autodestruktivno u potrebi nefunkcionalnog i gotovo upokojenog pravnog sistema da iznova, svako malo, produkuje friške pravne norme i da, predano paleći šumu, ispred nadolazećeg plamena sadi nove mladice.

Reč je o nečemu što, po stepenu bizarnosti i praznoverja, neodoljivo podseća na vlaške crne svadbe. Iracionalno, onostrano sklapanje braka s umrlim svoje puno otelotvorenje doživljava tek na vrhuncu nerazumnog čina: onda kada staramajka povede svadbeno kolo nad humkom počivšeg mladoženje. Jer iako i tamo znaju da mladenac nikada neće poljubiti mladu, jednako je duboko prisutno uverenje da je, iz nekog razloga, važno ne lišiti ga institucionalnog okvira supružništva. Ne može da šteti, a veruju da možda tamo negde nešto ipak pomogne kad na ovom svetu nema pomoći.

A ovdašnji *mladoženja* odavno ima sve simptome svog vlaškog parnjaka. Ne postoji nijedna oblast pravnog sistema u kojoj decenijama razmnožavani lešni paraziti na njegovom tkivu nisu ostavili pustoš. Da li je zaista potrebno podsećati i uznemiravati duh pokojnika? Od Savamale i nezakonito stečenih diploma, preko tajnih ugovora, ofšor računa i nelegalne gradnje, sve do bezbroj nerešenih ubistava, štrojenja pravosuđa, kršenja pretpostavke nevinosti i nasrtanja na Ustav... Niz je nepregledan i pokazuje da nema celine ni organa sistema, zvanog pravni poredak, koje nije pojela parazitska buđ.

I onda nas, umesto da postojeća bela krvna zrnca upotrebi za borbu sa osvedočenim agresorom, ili da barem pokažu pijetet, ostaci pravnog sistema besomučno bombarduju novim, jednako neefikasnim propisima, gurajući nas u zagrljaj pravno-normativne leukemije. Ili ako vam je kao ljubiteljima paganštine ipak draže – šminkanju ukrućenog mladoženje i njegovoj pripremi za brak.

Neimenovani aparatčići neumorno izmišljaju nova krivična dela, organizuju radne grupe koje bi nadomestile nepostojeće institucije, smišljaju nazive mnoštvu novih zakona... Vene i arterije ostarelog i umornog pravnog sistema zatrpavaju novim količinama plaka... Naposletku, kao vrhunac procesa, očekuje nas i svadbeno kolo nad Ustavnom humkom, uz uveravanje u to da će čedo pokojnog mladoženje svima biti na radost.

Postoji li izlaz iz svega toga, upitaće ucveljeni čitalac.

Verovali ili ne, i ovde je odgovor moguće pronaći u nepresušnoj vlaškoj mitologiji. Četrdeset dana posle smrti, ponegde još uvek postoji običaj otkopavanja pokojnika. U uverenju da je kod umrlih život samo premešten u podzemni svet, poštovaoci obreda počivšeg umivaju i doteruju, budeći ga i usmeravajući mu dušu.

Ako je već odnos prema normama takav, možda bi u narednom periodu ipak bilo moguće uspostaviti makar obrise nove kulture. Možda bismo barem mogli da se dogovorimo o pravilima koja ćemo povremeno poštovati i buditi ih, omogućavajući im privremeno ovozemaljsko bivstvovanje, za razliku od onih koja ćemo, neumivena i neočešljana, trajno ostaviti na milost i nemilost podzemnom svetu.

Možemo, naravno, kasnije sve začiniti i sa malo strndžanja, ali o tome drugom prilikom...

Pravni poredak je ionako samo društvena konvencija, i nema nikakvog razloga da i ovde ne uvedemo drugim kulturama još uvek nepoznate novotarije. Još manje je razloga, svakako, da i u ovoj oblasti, kad već pobeđujemo na svim drugim poljima, ne pobedimo.

Zato bez stida i lažnih skrupula, u nova i nova krivična dela i radne grupe!

Za pokoj duši i istovremeno novi život upokojenim – ali jednako novim pozitivnim propisima!

Živeli!

15. avgust 2018.

U velikoj Latifovoj avliji

– Neka mi samo niko ne kaže za nekog: nevin je. Samo ne to. Jer ovde nema nevinih. Niko ovde nije slučajno. Je li prešao prag ove avlije, nije on nevin. Skrivio je nešto, pa ma to bilo u snu.

– Ali čekaj, cenjeni Latife… nije moguće da je baš svako zlikovac… Taman pomislim da ima poštenih i hrabrih i da ima spasa… Da je neko barem mrvu pošteniji i kuražniji od zlikovaca koje srećemo u ovoj našoj zabiti, a ti odmah udariš baš po njemu…

– To je zato što si glup i zaveden, podaniče! Zato što ništa ne razumeš! Kako te je samo lako nasamariti! Od svih zlikovaca, najopasniji su zlikovci koji deluju ispravno! Koji svoja zlodela sakrivaju navodnim ukazivanjem na tuđe propuste. Tih se čuvaj! Jer svaki, dabogme, kaže da nije kriv, ali za toliko godina koliko sam ovde, ja još nisam našao da je neko bez razloga i bez neke krivice doveden. Ko ovde dođe, taj je kriv, ili se makar očešao o krivca.

– Pa šta je skrivio konkretno? Zbog čega ga tako surovo kažnjavaš ako se činilo da i dobra dela ima?

– Ne teraj me sada da preturam po fioci. Veruj mi na reč, beštijo! Skrivio je nešto, pa ma to bilo i u snu. Ako ništa drugo, majka mu je, kad ga je nosila, pomislila nešto rđavo. A moja fioka sve pamti! U njoj za svakoga ima ponešto! Što ja zaboravim, iz nje izviri!

– Znam, glup sam, cenjeni Latife... O svemu tome ja svakako ne mogu da mislim... I kad bolje razmislim, u pravu si... Ali molim te, objasni neukom stvoru... Kako onda ne završe svi ovde, u našoj avliji? Kako, ukoliko su svi krivi, neki krivci žive van zidina... U raskoši... U rajskom vrtu? Ostaju na položajima... Stiču slavu i bogatstvo? Nazivaju ih gospodom? Kako, ljubljeni Lati?

– Joooj, uboga sirotinjo! Ne razumeš osnovno zato što si kmet! Ti o kojima govoriš razlikuju se od stanovnika ove buvare. Ti na koje misliš, svesni su svoje krivice! I za razliku od ovih za koje ti brineš, oni su pokorni i tihi. Trude se da ostanu nevidljivi jer znaju da su samo milošću drugih, boljih od sebe, još uvek bez bukagija. Pogotovu se neće nametati kao nekakvi moralni autoriteti, poput mnogih od naših abonenata! Jer mnogima bi i bilo oprošteno, samo da su priznali krivicu i poklonili se! Da su na vreme shvatili svoju zabludelost! Evo, juče sam imao jednog bestidnika. Kaže nije kriv i da je samo svoj posao radio! A posao mu je, kaže, bio da kontroliše vlast! Čuj protuve! I još nije kriv! Šta veliš, ni kriv ni dužan? Ih, kud mi to kaza baš sada, pobogu, čoveče. Phi, phi, phiii! Da si rekao da si kriv, još sam mogao da te pustim, jer krivih ovde ima mnogo. Svi su krivi. Ali baš nam jedan nevin treba. I zato te ne mogu pustiti. Da nisi sâm rekao, još bi nešto i moglo biti. Ovako, sada, valja da sediš ovde dok ne pronađem negde nekog nevinog, takvog kao što si ti, da te smeni. Sad sedi i ćuti!

– Dobri moj učitelju, hvala ti neizmerno na tome što me tako strpljivo podučavaš, iako bi mogao da mi, jednim potezom pera ili obznanom svojih dobošara, bez pô muke naudiš. Ipak, nesvestan kakav jesam, želeo bih da te još samo nešto upitam... Nešto što mi je još nedokučivo i što me i dalje muči. Neće li ta stalna svest o krivici, to održavanje stanja straha i ipak, dozvolićeš mi reći, povlađivanja, loše uticati na mogućnost napretka ovog našeg društva? Zar ne postoji bojazan da ćemo zatvaranjima u avliji, i podsticanjem uverenja da je pravilnije i zdravije biti neprimetan, krotak i nečujan, ipak oterati i neke, svakako izuzetno retke među nama, koji su možda malo manje krivi i malo više sposobni? I koji će poželeti da odu negde gde neće morati stalno da se skrivaju? Zar nećemo, baveći se samo otkrivanjem sumnjivih među nama, omogućiti da nas, tako zadubljene u sopstveno istrebljenje, lakše potamane sumnjivi spolja? Ako se ne ljutiš zbog mog, svakako neučtivog, pitanja?

– Vidi se da si nepopravljiv slučaj, bezumniče! Ti kao da baš ništa učio nisi! Dokoličarenje i teoretisanje došli su ti glave! Jer da se nisi zanosio tim svojim mudrovanjem, koje te je i dovelo ovde, da si slušao bolje i sposobnije od sebe, svakako bi znao da je u nepovrat otišlo doba u kojem ste mogli tim vašim vrednostima da zamajavate pošten svet. A svakakve gluposti ste pričali. Reći ću ti samo još jednom, a ti, ako želiš, nastavi po svome. RAT JE MIR! SLOBODA JE ROPSTVO! NEZNANJE JE MOĆ! A sad se gubi, nemam više vremena za tebe. Stiže mi nova tura ovih tvojih nevinih!

I sve mu je konačno postalo jasno! Mudri Latif, kako i dolikuje njegovoj posebnosti, otvorio mu je oči i naučio ga da gleda. Četrdeset godina mu je trebalo da sazna kakav je to osmeh skriven ispod crnih brkova. O, svirepog li i nepotrebnog nesporazuma! O svojeglavog samoizgnanstva od roditeljskih grudi! Bio je izvojevao pobedu nad sobom! Voleo je Velikog Latifa.

2. maj 2015.

Pravila čopora

Pre izvesnog vremena jedan meni veoma drag kolega požalio mi se na to kako je prvi put u karijeri primetio da ga u sudu izbegavaju. Nikada do tada, naime, nije mu se dešavalo da primeti kako njegovi saradnici smišljaju različite izgovore na pauzi za kafu, kako uvek negde žure kada poželi da o nečemu prodiskutuje, i kako mu, sve češće, poruke šalju preko sekretarice. Ne dolaze više ni na proslave koje organizuje, naglo prekidaju razgovor kada uđe u prostoriju i, sve u svemu, već izvesno vreme oseća da je *višak* i da je u njegovom prisustvu svima neprijatno. Kako sam bio upoznat sa činjenicom da se kolega, zbog navodne neposlušnosti, već izvesno vreme nalazi u nemilosti predsednika suda, koji je snažno pozicioniran u političkom establišmentu, nije me začudio ovakav scenario. Položaj *sudije u nemilosti* bio mi je dobro poznata dijagnoza, imajući na umu da sam i sâm više puta iskusio pravosudni ostrakizam. Znao sam njegovu dinamiku, trajanje i karakter. Međutim, moj prijatelj i kolega se sa ovim prvi put sretao, i bilo mu je, kao i svakom debitantu, teško.

Želeći da mu pomognem, rešio sam da ga upoznam sa nečim što na prvi pogled nije imalo veze s ovim problemom. Pročitao sam mu najpre jednu basnu u kojoj se na slikovit način govorilo o poretku koji postoji u životinjskom carstvu. Videvši da me posle ovoga posmatra sa dodatnim čuđenjem, rešio sam da dalje ne okolišam.

„Predočiću ti nešto za šta smatram da bi, u pogodnom trenutku, moralo biti predočeno svakom studentu prava kada prvi put, iz bilo kog razloga, poželi da postane sudija. Reč je o pravilima čopora."

Iako me je prijatelj pratio sa neskrivenom skepsom, nastavio sam, znajući da u celom svetu između ponašanja esnafa i čoporske zajednice, a na ovim prostorima naročito, postoje gotovo neverovatne sličnosti. U tu svrhu poslužio sam se tekstom profesionalca – zoologa – koji nisam želeo da prepričavam, kako ne bih narušio autentičnost. Pozvao sam ga zato da ga pročita:

U svojoj svakodnevnoj borbi za opstanak, članovi čopora zavise u potpunosti jedni od drugih. Štaviše, od samog rođenja, mladunci uče koje je njihovo mesto u zajednici i šta je društveno prihvatljivo ponašanje u skladu sa tim. Svako mladunče raste u ubeđenju da njegov opstanak u potpunosti zavisi od saradnje u čoporu i apsolutnog poštovanja vođe. Čopor, kao osnovna društvena jedinica zajednice, stvoren je da bi se osigurao opstanak vrste. Zato pripadnici čopora nemaju „samotnjačku individualnost", tu osobinu koju čovek toliko ceni. Razumevanje čopora na prvom mestu podrazumeva shvatanje da u ovoj zajednici individualnost i posebnost ne postoje.

„Da li ti je sada jasnije šta ti želim reći, dobri moj?", upitao sam uznemirenog prijatelja. Međutim, on me je i dalje gledao sa čuđenjem. Pokušao sam zato da pojasnim svoj nadasve neobičan pristup.

„Vidiš“, nastavio sam direktnije, „ti si, iskazujući makar i rudimentarnu individualnost i posebnost, prekršio osnovno pravilo čopora u kojem si bivstvovao od svojih najranijih pripravničkih dana. Uz to, činjenica da ti je sadašnji vođa čopora okrenuo leđa, i da je rešio da te kazni zbog neblagodarnosti, ostale pripadnike zajednice, željne opstanka, navela je na udaljavanje. Pritom, imaj na umu da se ovakvo ponašanje uvek u izvesnom smislu smatra izdajom. Ostali članovi su te prihvatili još kao mladunče, verujući da nećeš zloupotrebiti njihovo poverenje. A ti si kojekakvim soliranjem upravo to učinio. Nemoj zato biti začuđen, a ni tužan, dragi moj, jer stvari u čoporima tako funkcionišu. Nema tu ničeg ličnog.“

Međutim, bilo je jasno da ga ponovo nisam ubedio i da sam kod njega čak izazvao niz novih dilema. „Kako je moguće da se samo zbog besa vođe udaljavaju od mene?“, i dalje je bio zbunjen moj napušteni prijatelj. „Tolike godine smo radili zajedno, pomagao sam im, učio ih... Štitio kada je trebalo... Znaju da sam pošten i da nisam učinio ništa sramno... Pored toga, nikada nisam video da su izbegavali ikoga drugog. Posebno me boli to što se nisu sklanjali ni od onih na lošem glasu, ni od onih za koje su govorili da su korumpirani... Nisu se nikada okretali ni od ljudi za koje su tvrdili da su se našli u policijskim dosijeima i transkriptima... Nedodirljivima nisu smatrali ni one za koje su šaputali da su skloni porodičnom nasilju... Nisu zamicali u kancelarije ni kada se na hodniku pojave oni skloni piću i svakakvim nepristojnostima... Zar sam ja najgori samo zato što me sadašnji vođa čopora ne voli?“, vapio je moj razočarani prijatelj.

„Izgleda da još uvek ne razumeš, dobri moj“, nastavio sam. „Čitaj zato dalje šta struka kaže.“

Kada zauzmu svoje mesto u čoporu, članovi nedvosmisleno prate i poštuju vođu. Vođa čopora je dominantan i osigurava opstanak zajednici i svakom njenom članu. On održava unutrašnju disciplinu i ne dopušta da njegov autoritet ni društvena hijerarhija budu dovedeni u pitanje. Pravila koja vladaju čoporom jesu njegova pravila. U slučaju pobune, pravda je brza i bez milosti. Ipak, za članove čopora, postojanje tačno definisanih pravila predstavlja odsustvo uznemirenosti i omogućava da žive srećno i bez stresa. U tom smislu, član-samotnjak biće proteran iz čopora jer predstavlja opasnost i može koštati opstanka ostatak čopora.

„Dakle", nastavio sam, „kao što vidiš, korumpirani, siledžije, pa i oni skloni piću i prostaklucima, samo zbog ovih poroka ne predstavljaju opasnost za čopor. Sve dok poštuju vođu i prihvatljivi vid ponašanja, oni su jednako dobrodošli kao i najbezazleniji mladunci i najpoštenije starine. Zato ni tebe ne bi proterali da si bio poslušni pijanac, plaćenik ili ulizica. I danas bi te i te kako grlili, pili sa tobom i diskutovali o spornim pitanjima. Veselili bi se tvojim uspesima i tugovali zbog tvojih nedaća. Živeli biste kao i do sada, u sreći i ljubavi. Međutim, ti si se osmelio na nešto mnogo gore. Slučajno ili namerno, pomislio si da smeš da menjaš pravila i dovodiš u pitanje autoritet vođe... I kazna je, naravno, stigla."

Prijatelj me je gledao sa tugom, a čini mi se, i sve većim bolnim razumevanjem rečenog. „Ima li onda spasa za mene?", zabrinuto je upitao. „Da li ću ikada više moći da povratim ugled i mesto u grupi? Ili ću morati da napustim čopor i nastavim život među pripadnicima druge vrste?"

„Pre nego što doneseš odluku, dragi moj, pročitaj još nešto", rekoh mu. „Dobra vest za nevoljnike poput tebe jeste da se stvari u čoporu ciklično menjaju i da su članovi uvek skloni prilagođavanju na nove okolnosti." Ne želeći da dužim, ponudih mu još jedan deo teksta:

U čoporu, kada vođa ostari, izgubi oštrinu, postane slab, zbunjen, ili bolestan, suočiće se sa izazivanjem. Mlađi, jači članovi suprotstaviće se autoritetu i doći će do borbe. Čak i ako preživi borbu, a izgubi, stari vođa biće prognan i više se neće vraćati. Naklonost prema novom vođi i poštovanje autoriteta ponovo će biti uspostavljeni. Ovo je prirodno stanje i upravo to je ono što člana čopora čini tako divnim ljubimcem.

„Ako sve ovo preživiš i dočekaš naklonost novog vođe ili, još bolje, ako i sâm jednom povedeš čopor, tvoje kolege voleće te ponovo istom čistotom srca. Biće ponovo srećni da te vide, zagrle i kažu kako su neprestano patili u tvom odsustvu. Znaćeš da si ponovo okružen svojim čoporom kada ti budu pričali kako su uvek znali da si nepravedno odstranjen i kako su od prethodnog vođe nitkova, zbog simpatija prema tebi, trpeli zulum. A tada više neće biti sumnje u to da si ponovo među svojima, dragi moj.“

Video sam kako odlazi. Znao sam da više neće biti isti, ali isto tako i da će se vratiti. Konačno je upoznao pravila vrste kojoj se davno, možda i neoprezno, ali ipak sopstvenom voljom pridružio.*

Posvećeno prijatelju koji se već izvesno vreme suočava sa pravilima čopora...

15. septembar 2016.

---

* U tekstu su korišćeni odlomci sa stranice *http://www.petOll.info/da-li-znate/ponasanje-pasa*. (Prim. aut.)

Travnjak na kojem trava ne raste

Ispred zgrade u kojoj živim postavljen je novi travnjak. Tačnije, reč je o još jednoj inkarnaciji travnjaka čiji su prethodni životi okončani na identičan način. Sve do jednoga uništili su ih nepokupljeni pseći izmet, točkovi džipova, opušci i mokraća mešovitog porekla. Na prostoru na kojem živim, zbog svega toga, trava već decenijama ne raste.

No bez obzira na neslavnu istoriju, novi travnjak je još jednom razveselio komšiluk. Za trenutak, umiveni ćošak izgledao je kao mesto na kojem je lepo živeti. Očišćeni trotoar i zelenilo stvorili su tih nekoliko časova iluziju boljitka. To parče privremeno stvorene lepote podsećalo je na kutak senovite pariske promenade… „Kako vam je lepo ovde!", uzvikivale su vesele domaćice, nesvesne da je reč o još jednom pokušaju koji će, kao i prethodni, ubrzo propasti.

Već sutradan po postavljanju travnjaka, nekoliko komšija iz zgrade imala je neprijatne susrete s gospodarima izmeta. Komšiju sa sprata je jedno „Gospođo, molim vas, očistite za psom" umalo koštalo razbijenih naočara i izujedanih ekstremiteta, jer ga je ljutita vlasnica prostrelila pogledom posle kojeg bi, da je kojim slučajem nastavio, sigurno došlo do okršaja kojem bi se priključio i njen korpulentni pratilac. Komšinica iz prizemlja pokušala je još nežnije: „Gospodine, evo imamo kese…“ Međutim, ni to nije bilo prihvatljivo za namrštenog vlasnika i njegovog namrštenog psa. Uz vlasnikove psovke, dvojac je ljutito odjezdio ka okolnim ulicama, gde ih niko neće uznemiravati u ispoljavanju prirodnih nagona.

Najuporniji čuvari travnjaka javljaju da fekalisanje postaje još intenzivnije noću. Pod okriljem mraka mužjaci i *Homo sapiens*-a i *Canis lupus familiaris*-a u čoporima nasrću na zelenilo. Prekopavaju i ruše ostavljena upozorenja, drvene ograde i žardinjere, i tada je naročito opasno naći im se u blizini. Čuvar obližnjeg gradilišta svedočio je i o pretnjama koje je pretrpeo kada je pokušao da zaštiti ružičnjak. Jutarnje šetnje otkrivaju sveže gomile kake i travnjačke pustoši… Nadležni bi eventualno mogli da pomognu ukoliko bi građani zabeležili JMBG vlasnika ili pak obezbedili DNK analizu nepokupljenog fecesa.

Šta je posredi? Zbog čega čak ni uporni rasađivači travnjaka ne uspevaju da dobiju bitku protiv upornih rasađivača fekalija?

Kao i većina drugih neprijatnih odgovora, i ovaj je, nažalost, prilično očigledan. U komšiluku u kojem čuvari travnjaka pokušavaju da održe zelenilo, već izvesno vreme dominiraju rasađivači kake. Pri tome, oni nisu samo brojčano nadmoćni i neosetljivi na različitosti, već su i bolje raspoređeni, alergični na ozon i u specifičnoj vrsti kulturne ekspanzije. U borbi za osvajanje *Lebensraum*-a, koji im je, s obzirom na dominaciju, sve potrebniji, travnjački fekalisti imaju sve manje skrupula. Ovo je vreme za koje su se borili! Svaki novi travnjak, zalivanje i kosidba bivaju osujećeni još većom količinom izmeta, pljuvačke i kletvi!

Sve ovo proizvelo je nove zabrinjavajuće misli na strani malobrojnih baštovana iz komšiluka. Šta ukoliko je i u ostalim krajevima stanje slično? Šta ukoliko se i tamo oni koji sade i ulepšavaju sklanjaju od onih koji ruše i seju fekalije? Ili još gore... Šta ukoliko postoji zloslutna korelacija između udela lokalnih travnjačkih čuvara i travnjačkih fekalista i njihovih pandana na širem društvenom planu? Može li se ova proporcija na lokalu uzeti kao validan uzorak prilikom budućih demografskih i socijalnih prognoza, prebrojavanja podrške evrointegracijama ili pak procene raspoloženja biračkog tela? Jer, predstavnički sistem i formalna demokratija obezbeđuju vlast većine, tako da bi potvrdni odgovor na škakljivo pitanje mogao implicirati značajnije posledice od onih sa kojima se komšije entuzijasti trenutno suočavaju. Ukoliko je broj sugrađana koje boli ... za travnjake, čiste ulice i poštovanje propisa u značajnijem porastu, ubrzo mogu postati očigledne i sve ostale društvene bolesti, zabrinuše se baštovani. One koje boli ... za travnjake i propise, najčešće jednako boli ... i za institucije, medijske slobode, ljudska prava, istraživanje korupcije, slobodne izbore i svašta još...

Zato ostavljanje kake na travnjaku, mnogo lakše nego što to na prvi pogled izgleda, može postati društvena paradigma, pomisliše. Ukoliko bahati fekalisti nastave tiraniju majorizacijom, čuvari travnjaka povući će se u dvorišta i zalivaće zelenilo tek kada se smrkne. Samo najhrabriji će to i dalje činiti danju na javnim površinama, rizikujući da ih izujedaju kerovi gazde kojem se iz nekog razloga nije svideo vapeći ton.

I zato, komšija sa sprata, „dok još nije kasno“, predloži sledeće... Ubuduće, pravilne prognoze o ekonomskom rastu, medijskim slobodama, razvitku ljudskih prava i napretku pravosuđa mogle bi započeti drugačijim analizama od dosadašnjih. Umesto u sprovođenje anonimnih telefonskih anketa, analitičare bi trebalo poslati u šetnju sopstvenim komšilukom! Čak i kraća rekreacija ove vrste omogućila bi im prebrojavanje onih koji zalivaju travnjake, onih koji se travnjacima dive „sa bezbedne distance" i, naposletku, onih koji na njima parkiraju vozila, mokre i ostavljaju izmet. Proporcija koju bi na ovaj način dobili bila bi vrlo blizu većine ostalih proporcija koje vredi uzimati u obzir kada je o relevantnim domaćim društvenim tokovima reč! Neveliki baštovanski skup se složi i odluči da tim povodom nadležnima dostavi zvanični predlog.

I dok su se prisutni, zadovoljni dogovorenom akcijom, razilazili, vremešna komšinica iz prizemlja je, onako iz ćoška i više sebi u bradu, dodala: – Trebalo bi ih, znate, upozoriti i da budu oprezni i da kod prebrojavanja ove vrste otvore četvore oči. Jer analitičari često zaborave koliko je lako umazati se kakom na travnjaku, čije su postojanje na tom zadatku, iz nekog razloga, propustili da uoče.

5. maj 2016.

O Indijancima, pijancima i pravu na izdvojeni glas

Svega nekoliko ljudi sposobno je za staloženo izražavanje mišljenja koja se razlikuju od predubeđenja njihovog društvenog okruženja. Većina ljudi za formiranje ovakvih stavova nema sposobnost.

– Albert Ajnštajn (*Essay to Leo Baeck*, 1953)

Društvo koje se otarasi svih svojih problematičnih tipova kreće nizbrdicom.

– Robert A. Hajnlajn, (*Time Enough for Love,* 1973)

I

Još uvek se sećam te zbunjenosti mog starijeg sina. Pre nekoliko godina, kada je učiteljica engleskog govorila o Indijancima i naseljavanju Amerike, moj kočoperni junoša, nesvesno praveći prve korake trnovitom stazom nekonformizma, usprotivio se tvrdnji predavača da su belci tamo „malo raselili domoroce".

„Nisu ih samo malo raselili!", ustvrdio je nadobudni dečkić, sećajući se priče majke koja mu je neoprezno pojašnjavala radnju filma o Apačima. „Bio je to genocid nad narodom koji je danas skoro u potpunosti uništen."

Mlada nastavnica, blagovremeno uklopljena u najrazličitije modalitete popularnog mišljenja, političke korektnosti i ostalih novogovornih stega, i nenaviknuta na ovakve neočekivane ispade, samo je kratko odbrusila: „Sedi dole!" I junoša je, onako zbunjen, seo. Ostala dečica ubrzo su se priklonila neospornom autoritetu, prihvatajući tezu prema kojoj su se belci i Indijanci „dobrovoljno ispremeštali". Instinktivno su zauzela udobno mesto u krilu ekspresno formirane većine. Mesto koje će za najveći broj njih, tokom decenija koje slede, biti jedini izbor. S druge strane, moj stariji sin, prvi put, nesvestan punih dimenzija neprijatne epizode, takođe neželjeno, zauzeo je neudobno mesto u magarećoj klupi manjine. Mesto koje će mu, ukoliko tako nastavi, u decenijama koje slede, najčešće biti i jedino dostupno.

II

Pre nekoliko večeri ponovo sam zatekao sebe kako analiziram studente kojima povremeno predajem. Kada to od ovih slobodoumnih, obrazovanih ljudi, punih entuzijazma i energije, željnih da menjaju svet i služe pravdi, nastanu oni plašljivci, poltroni i konformisti koje srećem? Kada to shvate da je bolje ćutati, mrmljati u horu i biti nevidljiv, da bi što pre postali sudije, profesori i eksperti? Oni isti koje su nekada, zbog tog istog konformizma i raznoraznih pristajanja, sasvim opravdano kritikovali, ponekad i prezirali. Šta se to u njima prelomi? Da li se to dogodi na isti način kao i s opijatima? Ne postoji dan u kojem neko postaje alkoholičar, razmišljam. Proces se odvija godinama, do konačne ciroze jetre i delirijum tremensa.

I onda shvatam da, kao i kada je reč o maliganima, i opijanje udobnošću bivstvovanja u zavetrini, u udobnom krilu većine, godinama akumulira toksično dejstvo. Šifra za pronalaženje sigurne strane, koja je odavno uneta, s vremenom, dolivanjem svake nove čaše, postaje jedini mogući obrazac. Svakodnevno kretanje u društvu pijanaca doprinosi održavanju začaranog kruga. I onda, probudiš se jednog dana i shvatiš kako se sećaš da si nekada nešto hteo, ali i da to sada više nije važno... Zdravi mladići i devojke, nekadašnji sportisti, takmičari i revolucionari, postaju tako i sami pijanci koji traže mesto pored bakalnice i čekaju da im neki drugi trezvenjaci ostave sitnu za još jedan drink.

III

I naposletku dolazim do onoga što sam, u stvari, odmah želeo da vam kažem.

Često se setim snažnog otpora na koji je naišla ideja da u novi ZKP bude uvedena mogućnost pisanog obrazlaganja izdvojenog sudijskog mišljenja. Bila je to prava jeres u tradiciji jednoumlja, odluka koja se donosi jednoglasno u kulturi višedecenijske sudijske bezimenosti! Na neverovatnom spisku razloga koji su oponenti isticali nalazile su se tvrdnje poput onih da će to „podstaći korupciju" (!?), „oslabiti ugled suda" (!?), pa i „pomoći odbrani da formuliše žalbu" (?!). „Ma neka obrazlažu mišljenja, ali u zatvorenoj koverti!", zahtevali su pojedini protagonisti sudske omerte. „Ma neka posle i progutaju kovertu!“, besneo sam. Graja „dece stasale u krilu većine“ nadjačala je uznemirujuću ideju, tako da smo, umesto preambiciozno predviđene odredbe, dobili rešenje prema kojem ovo pravo pripada samo odabranima – sudijama Vrhovnog kasacionog suda – i to samo kada je reč o neslaganjima izraženim povodom pitanja povrede zakona (Čl. 273, St. 1). Šteta od mogućeg uticaja izdvojenih mišljenja tako je minimizirana do besmisla.

A ja studente, te još uvek zdrave sportiste, te oročene antialkoholičare, učim upravo suprotno. „Znate li da su istoriju pravosuđa u civilizovanim zemljama, često i više od većinskih, obeležavala izdvojena sudijska mišljenja?!“; „Znate li da je ono što je u jednom trenutku bio usamljeni glas najčešće predstavljalo prvi korak ka novoj pravnoj doktrini?!“; „Znate li da najznačajniji kvalitet svakog sudije nije činjenica da poznaje zakon, niti da ume da rukovodi suđenjem, već da sumnja i beži od dogme?!“; „Znate li da, kada jedan član veća izdvoji glas i obrazloži ga, to najčešće bude razlog da i ostali, do tada u masi bezbrižno šćućureni suci, još jednom preispitaju, a ponekad i promene sopstveni sud?!“ Studenti mi tada (sa puno energije i srca) veruju, baš kao što će, već za nekoliko godina, bez energije (ali i bez srca) početi da izbegavaju ovakva razmišljanja.

Postoje države koje, iz egzistencijalnih razloga, zabranjuju različite stvari. Tako različite kulture zabranjuju abortus, rađanje drugog deteta, razvod braka, seču stabala, ubijanje krava... Donoseći propise od kojih nam neki deluju bizarno, svaki od ovih društvenih sistema traži mehanizam za sopstveno spasenje. Šta zabraniti kod nas? Zar nije već previše toga zabranjeno? I postoji li, uopšte, još nešto vredno čuvanja?

Verujem da ipak postoji. Baš kao što Amerikanci danas čuvaju malobrojne Indijance koje nisu *ispremeštali*, Evropa stare zanate koje još nije ugasila, a Sumatrani tigrove koje još nisu ubili, tako bi i domaće društvo moralo da pristupi sistematskom očuvanju verovatno najugroženije vrste na ovim prostorima – malobrojnih sugrađana koji su sposobni da staloženo i argumentovano izraze mišljenje koje se razlikuje od predubeđenja njihovog društvenog okruženja. Umesto dosadašnjeg pristupa, to bi podrazumevalo da najmlađe, još u školama, učimo da smo na ovim prostorima, sticajem različitih okolnosti, bili izuzetno nemilosrdni prema ljudima ovog tipa. Da smo ih, baš kao u svim sličnim projektima, tokom vekova istrebljivali, zatvarali i proterivali i da ih zbog toga danas ima izuzetno malo. Toliko malo da ih je neophodno i posebnim zakonskim merama štititi! Čak i kada greše! Čak i kada lupetaju gluposti! Čak i kada smo sigurni u to da su strani plaćenici! Kada smo uvereni u to da nas izazivaju i da nam se podsmevaju! Učiti ih da je to posebna vrsta ljudi na koje na ovim prostorima nismo navikli. Vrsta ljudi koja govori i ponaša se drugačije od većine svojih profesora, roditelja i prijatelja. I koju stoga najčešće neće razumeti.

Ali i da se ovih ljudi ne treba plašiti. Naprotiv! Potrebno je objasniti im da će nam oni, ti čudni, često i nesimpatični neznanci, jednoga dana predstavljati možda i poslednju nadu da će na ovim prostorima stvari ikada izgledati drugačije. I da će nam u suprotnom, ukoliko se otarasimo svih ovih „problematičnih tipova", preostati da se u još jednom strmoglavom istorijskom ciklusu, nakon što iscrpemo i poslednje zablude nastale, održavane i razmnožavane u komotnom, ali i prevrtljivom krilu većine, kao društvo otkotrljamo nizbrdicom.

12. februar 2015.

Bolesti zavisnosti

Stručnjaci koji se bave problemom alkoholizma slažu se u jednom: pre nego što se jednog dana na klinici za lečenje bolesti zavisnosti probudi vezan za krevet, alkoholičar prolazi kroz različite faze. Sve one, mnogo pre konačnog čina, ukazuju na to da je neprepoznati put ka paklu bio izvestan.

Međutim, za većinu laika ove epizode ne predstavljaju znake uzbune. Zbog toga se i događa da, decenijama, budući pijanac prolazi gotovo neopaženo ispod društvene lupe, sve do momenta koji, za razliku od onoga što prethodi, svi nepogrešivo uoče. Nažalost, tada je za bolesnika najčešće kasno.

Tako se niko neće preterano uzbuditi kada na svadbenom slavlju, još sasvim malom dečaku veseli domaćin nagaravi usta prepečenicom, ili kada mu ujka, „kao pravom muškarcu", sipa pola čaše piva, od kojih mu „ništa neće biti". Istog tog junošu niko od rodbine neće ozbiljnije ukoriti ni kada, nekoliko godina kasnije, u pubertetu, posle odlaska u grad, pijan povrati u postelju. Ništa se specijalno neće dogoditi ni kada ga prijatelji prvi put dovedu obeznanjenog na ispiranje želuca u Urgentni. „Dečurlija", samo će slegnuti ramenima.

Ni kada ga, kao maturanta, posle duže potrage, pronađu blatnjavog i izubijanog u šancu pored puta. „Napio se, pa šta… Nije ni prvi ni poslednji. Ko da su druga deca zlatna“, odbrusiće zaštitnički nastrojena majka, kojoj je dosta kritikovanja „samo njenog deteta“.

Neće se niko uznemiriti ni kada nekadašnji momčić, a sada već zreo muškarac, prvi put istuče ženu. „To su njihove stvari“, reći će komšije. „Pametan čovek se u to ne meša.“ Ni kada slupa kola udarivši u kontejner. „Ima osiguranje, popraviće…“ Ni kada na parkingu napadne komšiju koji žuri na posao, misleći da mu obija auto. „Dešava se, svi smo pod stresom…“ Ni kada na dečjem rođendanu padne u kupatilu i razbije ogledalo. „Sve je dobro što se dobro svrši!“ Ni kada razredna zbog njega prekine roditeljski sastanak kako bi pozvala obezbeđenje. Niko. Nikada.

Tek kad konačno završi vezan na klinici na kojoj čeka rusku blokadu i rad sa psihijatrom, koji će pokušati da predupredi sledeći pokušaj suicida, svi će gotovo uglas reći: „Užas! Kakav je to čovek bio.“

Razvijanje alkoholizma slično je razvoju i drugih bolesti zavisnosti. Ovo možemo jasno uočiti ako za primer uzmemo jednu od najizraženijih boljki savremenog srpskog društva – zavisnost pravosuđa.

Ako ovako pristupimo, videćemo da se ni u okviru pravosuđa niko nije uzbuđivao dok su decenijama vidljivi signali najavljivali delirijum tremens nejake branše. Pogledajte koliko smo samo prenebregavali zlokobne krilatice! „Sudije se ne smeju držati prava kao pijani plota.“ Iako svesni toga da omiljena komunistička parola ukazuje na sigurni znak bolesti, smatrali smo da njeno prenebregavanje, pa čak i zbijanje šala na navedeni način, neće biti opasni. Ili pak: „Svaki pošteni radni čovek ima bolji osećaj za pravo od sudije koji ne razume revolucionarne ciljeve!“ Ni u ovom povraćanju po posteljini nismo svojevremeno uočili maligni signal.

Zar nismo bili spremni da zažmurimo na „dovoženje pravnika kamionima", smatrajući da ne treba dizati dževu oko toga? Ili pak na najave „jezivih odgovora države", verujući da su to samo reči izgovorene u afektu? Nismo li bili pristojne komšije koje se ne mešaju kada je na spratu iznad, uz lupnjavu i vrisku, palicom za bejzbol vršen reizbor? Ili kada su nam kolege, u poznatom pravcu, noću, odvodili predsednici sudova i pravosudni komesari? Kada su ih mrcvarili po disciplinskim postupcima, čije smo povode jasno naslućivali? Nismo li bili dovoljno učtivi da im nikada ne pomenemo ime, i da se nikada javno ne zainteresujemo za njihovu sudbinu?

Nismo li se, na kraju krajeva, smejali, ćutali, okretali glavu, gledali u plafon kad god smo čuli da pijanac dolazi kući?

I onda smo se jednog jutra probudili shvativši da je naše pravosuđe, posle decenija ruiniranja, ponižavanja i degradacije, konačno zadržano u ustanovi za lečenje, vezano za krevet… Probudili smo se shvativši da je naše sudstvo, baš kao i naše tužilaštvo, u potpunosti zavisno od celog niza zavisnosti! Od predsednika koji se svađa s odlukama koje mu se ne dopadaju… Od premijera koji odlučuje ko je kriminalac, a ko policajac… Od ministara koji mašu podacima iz istrage i najavljuju hapšenja… Od portparolki stranaka, sekretarica kabineta, nevladinih organizacija, tabloida, novopečenih bogataša, lokalnih kabadahija, narodnih pevačica… Shvatili smo da je naše pravosuđe zavisnik od različitih vrsta zavisnosti. Stručno rečeno – politoksikoman!

Najednom, posle decenija žmurenja, shvatili smo da živimo u društvu u kojem, umesto anesteziranih institucija, baš kao i kod porodica u kojima prerano sazrela deca preuzimaju poslove neupotrebljivih roditelja, istrage vode novinari, a o nezavisnosti stondirane branše staraju se poverenici za nezavisnost i nevladine organizacije. U kojem budimo mamurne tužioce i podsećamo ih na to gde su ostavili zakon. Probudili smo se u državi u kojoj više niko ne veruje u to da presude donose sudovi „popunjeni kadrovima iz kamiona". U godinu i po dana, od belih miševa ne razaznajemo ko je srušio centralni deo grada! U kojoj pred nadležnim tužiocem peru pare, a da on to, zaslepljen dvostrukim odrazom u ogledalu, ne primećuje.

Zaista, šta sada? Da li je i odavde moguće pobeći, a da bežanje ne bude na Zapad...

Stručnjaci se i ovde slažu: moguće je! I najteže bolesti zavisnosti mogu biti izlečene, ali je potrebno mnogo upornosti i posvećenosti. Uspeh je izgledniji ukoliko je onima koji leče zaista stalo do pacijenta. Ako se ne pretvaraju da mu žele dobro, dok ih zapravo nije briga. Ako se ne foliraju. S druge strane, nije potrebno naglašavati da će u sigurnu propast voditi poveravanje lečenja osvedočenim preprodavcima alkohola ili dilerima narkotika, koji su obolelog i doveli do sanatorijuma.

Zbog svega rečenog, predstojeće promene Ustava prva su prilika da obolelo pravosuđe ili pridignemo na noge, ili konačno gurnemo u jarak. Svi zajedno. Kao građani koji drugo pravosuđe, osim ovog, nemaju. Kao porodica, tako da je učešće svih članova nužno za uspešnu terapiju. Kako im onda pristupiti?

Jedno je sigurno. Bogohulno je iz partijskih, esnafskih, ličnih, lukrativnih ili kakvih god sebičnih razloga predlagati i usvajati rešenja koja će pacijentu dodatno naštetiti. Bilo bi to isto kao kada bismo alkoholičaru na klinici, u flašicama za vodu, donosili votku ili ga ubeđivali da lečenje može zameniti jutarnjom gimnastikom.

Prestanimo se u tom smislu igrati larpurlartističkim pozivanjem na egzotična uporedna rešenja, tvrdeći da moraju biti adekvatna i za nas ako su adekvatna za viševekovne parlamentarne demokratije. To povremeno liči na predlaganje homeoterapije pacijentu kojem gasna gangrena ugrožava život. Licemerno je eksperimentisati pravosuđem pozivajući se na dobre namere i teorijske koncepte ako se pritom računa na to da će se sopstveni procesi i ostavine i nadalje rešavati pozivom odgovarajućeg broja i veze. Baš kao što nije fer poveravati posao popravke sistema ljudima kojima do sistema zapravo i nije stalo, bilo zato što budućnost vide u korišćenju njegovih pukotina, ili zato što računaju na rezervne varijante, domovine i boravišta.

U predstojećim ustavnim promenama, pravosuđe se mora najpre formalno ojačati. Kao i svakog dugogodišnjeg pacijenta, potrebno je najpre očistiti njegov organizam, zatim osnažiti terapijom, i naposletku, okupati, doterati i obući u svečanu odeždu, kako bi i samo počelo da vraća poverenje u sebe. Rečju, pravosuđe se u novom najvišem aktu ciljano mora konstituisati kao najjača od tri grane vlasti. Ne zbog toga da bi ono to zaista i postalo, već da bi, ovako šepavo i mamurno, uopšte moglo da se uspravi, pridigne na noge i koliko-toliko ravnopravno stane uz rame ostaloj starijoj braći, koju bi, po prirodi stvari, moralo da kontroliše.

Ako to ne učinimo, možemo već sada u najnoviji ustav, umesto pravosuđa, staviti sliku pravosudnog pokojnika, računajući da će u narednom periodu, možda i zvanično, poslove preminulog zavisnika obavljati nezavisni mediji, istraživački portali, poverenici za nezavisnost i poneki pravosudni zanesenjak. Ali i to samo dok naši socijalni dileri ne odluče da nam ni oni više ne trebaju, i da bi bilo najbolje i njih u narednom periodu navući na dop, krek, met ili šljivovicu.

1. oktobar 2017.

Skoro da nema dana da me ne napusti neki kolega

Skoro da nema dana da me ne napusti neki kolega. Ne, ne umre – samo obori glavu i ode, najčešće bez pozdrava. Nestane, ne govoreći gde ide. Uprkos tome, ja znam gde se zaputio. Znam da odlazi na mesto sa kojeg, kao i sa onoga sveta, povratka nema.

Mesto ka kojem se svakodnevno zaputi poneki pripravnik, cimer ili principal jeste ono na kojem su u toku poslednje rasprodaje uverenja, gazilišta izgovorenih reči i pogoni reciklaže duše. Hvatajući poslednje vozove ka ovim novovremenim purgatorijumima, utrpavajući se u već prepune vozove koji će ih odvesti pred kapiju faustovskog radnog logora, oni veruju u to da su učinili, u postojećim uslovima, jedino razumno delo. Jer između opstanka i časti, uvereni su u to da prave utakmice zapravo nikada nije ni bilo.

„Znam li onu o idealima i budalama?“, mantraju hrabreći se pri susretu sa pogledima prezira malobrojnih koji ostaju na peronu, u pripremi za sumporni dah novog Tvorca. Poput duhova koji veruju u to da će jednoga dana, ako ustreba, ponovo biti moguće neprimećeno se utopiti među kužne, od kojih se u poslednjem času, pre zaraze, sklanjaju, kuraže se da će i njihov trenutni odabir jednom biti zaboravljen.

Ali avaj! Kakva zabluda! Ono što duhove čini duhovima nije prihvatanje ili odbijanje smrtnika! Smrtnike je lako obmanuti! Mnogo je onih koji bi ih ponovo prigrlili u zaboravu... Ne! Ono što ih čini trajno odvojenim od napuštenog sveta jeste ireverzibilni gubitak duše. Nju će im prvo oduzeti na vratima čistilišta, poput novca i povađenih zlatnih zuba na ulasku u logor.

I tako... Skoro da nema dana da me ne napusti neki kolega. Ne, ne umre... Samo obori glavu i ode, najčešće bez pozdrava. I svaki put znam da se, barem na ovom svetu, čak i kada bismo jednom sve zaboravili, otišli kolega i ja više nikada nećemo sresti.

24. novembar 2018.

NOVE PRIČE

Hodači na rukama i uspravni grad

I

Najpre su, bez najave, počeli da hodaju na rukama. Oni nametljiviji i slobodniji prvi su krenuli da se šepure džadama po obodu grada. Njihova razmetljivost isprva je samo privlačila pažnju lokalnih pandura, i tek ponekog dokonog prolaznika. Pozornici su ih opominjali, podsećajući ih na dužnost pridržavanja javnog reda i mira, dok su ih prolaznici zagledali, upućujući podsmešljive komentare.

„Pogledajte ih, molim vas!“, doviknula bi neobičnim prizorom zatečena gospođa. „Kao da i bez toga nisu dovoljno jadni!“

„Nema nijedne belosvetske gluposti koju ovde nećemo videti“, coktao bi neko iz gomile.

„Seljačine!“, začulo bi se odnekud.

Ipak, u tim prvim danima, hodači na rukama bili su tek malobrojni, u balansiranju veštiji pajaci i lokalne vucibatine, koje niko nije shvatao ozbiljno. Izgledalo je da će bizarno ulično ponašanje biti samo još jedna prolazna razbibriga nekolicine luzera, koji su glupiranje odabrali kao zgodan način da u gradu, u kojem nisu stekli sopstveno mesto, preko noći prigrabe malo žarko željene slave.

Međutim, na iznenađenje mnogih koji su ih u tim prvim danima ignorisali, stvari su krenule drugačijim tokom.

Iritirajuća provincijalna zabava najpre je počela da privlači gradsku mladež. Klincima željnim razonode i oponiranja, hodanje na šakama učinilo se zgodnim vidom iskazivanja različitosti, samostalnosti i otpora. Malo-pomalo, sa perifernih sokaka i utrina naopako hodanje selilo se najpre u prigradske kvartove, a zatim i u delove varoši koji su se dičili nobilitetom. Čak i na centralnim gradskim ulicama sve češće su se mogli videti momci i devojke koji su džedžili u pozi šišmiša, oponašajući vesnike novog običaja. Neki od njih pokazivali su i zavidnu umešnost u ovom kopiranju. Takmičili su se u trčanju i obrtanju ukrug, prebacivali se sa jedne na drugu ruku, dubili na glavi... Domišljatiji su unosili i sopstvene elemente u već prihvaćenu nesvakidašnjost. Bivalo je sve očiglednije da naopaki hod neće ostati zabava nekolicine dokonih ugursuza. Postalo je izvesno da se novi oblik javnog ponašanja kapilarno širi centralnim delovima prestonice i da će se baš tu zadržati mnogo duže nego što je to isprva bilo očekivano.

Misleći ljudi, takozvana intelektualna elita, u početku nisu pokazivali interesovanje za ovu novotariju. Jednako kao i dresere medveda, vračare ili gutače vatre na vašarima, naopake hodače smatrali su nedostojnim sopstvenog vremena.

„Ne mislite valjda da je dužnost inteligencije da se izjašnjava o svakoj budalaštini koja nekome padne na pamet?!", brecnuo se jedan od uglednih profesora, zamoljen da protumači ponašanje građana koji su uobičajili naopaki hod. „Naše društvo suočava se sa čitavim nizom ozbiljnih problema, i trošiti umne resurse na takve bedastoće bilo bi ravno najgorim oblicima rasipništva." Ništa više pažnje ovoj pojavi nisu pridavali ni gradski oci, analitičari i dežurni kritizeri. Bili su zaokupljeni najnovijim društvenim reformama i uspesima koje su reformisti najavljivali, tako da su naopake, kako su ih ubrzo pogrdno nazvali, u potpunosti zanemarili.

Jedini koji su blagovremeno shvatili potencijale nove paradigme bili su mediji. Intervjuisali su slučajne prolaznike i rukohodače, dovodili stručnjake u emisije i posvećivali vikend-izdanja ovoj pomami. Famu o naopakima širili su gradom poput požara. Tih dana, među brojnim neproverenim vestima, kolale su i one koje su ih povezivale sa stranim agenturama, sektama, anarhistima i cionistima. Međutim, izgledalo je da novoj modi ništa nije moglo da naudi. Sve ove kritike i preuveličavanja samo su im još više davali na značaju, tako da je broj onih koji su u dvorištima, podrumima i garažama uvežbavali naopaki balans svakodnevno rastao.

II

U uslovima neočekivane popularnosti, naopaki se nisu dali zbuniti. Ubrzo, kada je broj njihovih pristalica porastao, počeli su s organizovanjem. U proglasu prvog Udruženja šetača na rukama navedeno je da je cilj mlade organizacije zaštita prava na različitost i očuvanje grupe u uslovima koje diktira većinska kultura. Istovremeno, mediji su zabeležili i par incidenata, tokom kojih je nekolicini naopakih bio zabranjen ulazak na šakama u prodavnicu ili restoran, što je dodatno potvrdilo nužnost mobilisanja. Bio je to signal za buđenje do tada uspavanih intelektualaca...

„Bez obzira na to šta mislim o njima“, uzviknuo je penzionisani profesor etike, „braniću pravo svakog od nas na hodanje u položaju koji sâm odabere, sve dok ne ometa druge koji hodaju drugačije.“

„Koga oni ugrožavaju?“, zapitala se poznata aktivistkinja. „Možda je i dobro da u ovu našu žabokrečinu unesemo malo čistog vazduha i drugačijih koraka?! *Vive la liberté!*“

I dlanom o dlan, dok mnogi nisu uspeli ni da shvate šta se zbiva, naopaki su bili prisutni svuda. U fabrikama i u tržnim centrima, na stadionima i na koncertima. Svakoga dana broj onih koji je odlučivao da se pridruži njihovoj narastajućoj skupini rapidno se povećavao. Kretanje naglavce postajalo je mejnstrim. Sve ovo doprinelo je tome da grad tih dana postane poprište grotesknih scena. Nesposobni da sasvim preobrate hod, stariji sugrađani pokušavali su da se pridruže trendu hodajući četvoronoške. Ovakvi prizori i dalje su budili podsmeh tvrdokornih oponenata, ali su i njihova govorkanja ubrzo zamrla. Jer pojavile su se i prve olakšice...

Najpre je u jednoj kafani na obodu grada istaknut natpis:

Značajni popusti na hranu i piće onima koji uđu na rukama!

Presedan je izazvao domino-efekat. Jedna za drugom, otvarane su prodavnice, kafići i samoposluge u kojima su naopaki imali posebne pogodnosti pri kupovini. Imali su posebni turistički aranžmani, povlastice prilikom zapošljavanja i pomoć prilikom kupovine udžbenika ukoliko makar jedan od roditelja dubi na glavi. Penzionerima koji su imali potvrde o afilijaciji odobravani su popusti pri kupovini medicinskih aparata. Tih dana, na posebnoj ceni bile su lekarske potvrde o diskus herniji izazvanoj dugotrajnim položajem tela u pozi četvoronošca.

Ulice su sada bile već sasvim podeljene. Naopaki i uspravni koračali su jedni pored drugih, ali je podvojenost bila jasno uočljiva. Dok su se uspravni i dalje ponašali manje-više uobičajeno, naopaki su se držali na okupu, trudeći se da u svakoj situaciji istaknu pripadnost grupi.

S vremenom, posebna pravila bontona zaživeše u toj novoj družini. Kako su većinu dana provodili na rukama, komuniciranje naopakih postalo je otežano. Zbog novog položaja usta, tradicionalni govor bio je kompromitovan. Ustanovljena je nova kultura opštenja. Pri međusobnim susretima, isprva snebivljivo i tiho, a kasnije sve odvažnije i snažnije, pozdravljali bi se glasnim ispuštanjem vetrova. Jedan kraći i jedan duži bas označavali bi novi način zdravljenja, dva duga bila su dovoljna da iskažu zahvalnost i uveravanje da je sagovornik dobro, a tri kraća da je prijatelj posebno obradovan susretom. Iako je ovakvo, donedavno sasvim neprimereno ponašanje, u novonastalim okolnostima imalo isključivo anatomsko opravdanje, bilo je sve jasnije da se neće završiti na tome. Javnost je postajala svedok rađanja novog kulturnog izraza. Umesto nejasnog i neprijatnog mumlanja, koje je proizvodila naopakost u kretnji, sada su sugrađani najčešće komunicirali ispuštanjem karakterističnih stomačnih tonova, koji zbog novog položaja nosne šupljine i osobine gasa da se penje uvis više nikom nisu smetali. No, višesatna izloženost neprirodnom položaju dovodila je i do značajnih izmena u funkciji kloake. S vremenom, većina telesnih izlučevina, nečistoća i nesvarene hrane, umesto kroz creva, kod naopakih se sad izlivala na usta. Njihove usne duplje proširile su se toliko da su postale nespremne da zadrže kuljajući otpad. Gravitacija i nepripremljenost ždrela za nove funkcije činili su da su naopaki u svakom trenutku, na poslu, ulici i kod kuće, iz sebe izbacivali poganštinu.

Novogovor, koji su najpre prihvatili mediji, brzo je dobijao sve više pristalica. Spontano se širio među naopakima, ali ni uspravni nisu bili sasvim imuni na njega. U njegovom prihvatanju pronalazili su davno zaboravljenu slobodu u ispoljavanju prirodnih poriva.

Tvrdili su da imaju osećaj da se zapravo samo vraćaju zaboravljenom prajeziku, kojim su nekad davno govorili.

Grad je sve više zaudarao na fekalije i produkte trbuhozboraca.

III

„Da li shvatate šta nas je snašlo?", pitali su se sve ređi uspravni građani, koji još uvek nisu mogli da se pomire s onim što se dogodilo. „Zašto se pretvarate da ne vidite ovaj užas? Okupirali su nas besprizorni! Oni koji se rukuju spolovilima i komuniciraju rektumom! Moramo ih nekako zaustaviti, inače ćemo uskoro i sami postati životinje!"

Ali avaj… Pripadnost novoj eliti donosila je sve očiglednije prednosti. Naopako kretanje postalo je ulaznica za ubrzano penjanje po novoj društvenoj lestvici. Obezbeđivalo je ekspresno stečeno bogatstvo. Titule i zvanja… Bilo je samo potrebno pridružiti se. Mnogi uspravni shvatili su da je poslednji trenutak za promenu kursa. „I dinosaurusi su izumrli jer nisu uspeli da se prilagode novim okolnostima!", uzvikivali su vežbajući stoj. Hodanje na nogama upražnjavali su još samo oni koji, uprkos svemu, nisu mogli da se priviknu na slivanje krvi u glavu i rektalnu komunikaciju.

Sve učestaliji postali su i incidenti. Ostareli profesor, koji je svojevremeno smatrao da naopake treba zaštiti i omogućiti im ispoljavanje različitosti, pretučen je od strane dvojice ostrašćenih hodača na rukama. U novonastalim okolnostima, njegovo tradicionalno koračanje smatrali su provokacijom. Sudiju koji se drznuo da presudu pročita stojeći visoki predstavnik vlasti nazvao je „pripadnikom bivših", obećavši mu tretman koji će ga naterati da se savije.

Počela su i prva hapšenja… Najpre je odveden poznati pisac, jedan od glasnijih „revizionista" i „reakcionara", koji je uporno tvrdio da je nenormalno prihvatati kulturu bljuvanja i govora na zadnjicu, nazvavši naopake „moralnim slepim miševima". Za njim je pritvoreno i nekoliko onih koji su mu pružili podršku javnim eksponiranjem retrogradnog hodanja. Najekstremniji pripadnici naopakih pretili su odmazdom i otpuštanjima svima koji su se solidarisali sa uspravnima. Sve ovo praćeno je izmenama zakona koji su dotad tolerisali uspravni hod, i odlukama sudova koji su se simbolično prilagodili novoj paradigmi donoseći odluke pisane nogama.

Supstanca uspravnih tanjila se sve više. Bivalo ih je sve manje, a oni koji bi se i osmelili na pojavljivanje u javnom životu, brzo bi bili zatvoreni i ismejani.

„Pogledaj, molim te, ove kretene!", dovikivali su pripadnici novog staleža. „Nećete još dugo moći nekažnjeno da ispoljavate svoje nastrane navike! Gotovo je! Nema vas više!"

Malobrojne preostale uspravne zatvorili su u geta. Tu su se u tišini družili krišom, spominjući dane kada je bilo normalno hodati na nogama, govoriti jezikom i mokriti u zaklonu.

IV

Od tada je prošlo mnogo godina. Toliko da se više niko ni ne seća da se u gradu naopakih nekada živelo drugačije. Nestali su najpre uspravni koji nisu uspeli da se priviknu na slivanje krvi u glavu. Još jedno vreme, za njima su opstajali naopaki, daveći se u produktima sopstvene komunikacije. A onda su i oni počeli da iščezavaju. Metanska kultura iznedrila je nekoliko kolosalnih eksplozija, koje su desetkovale trbuhozboračko stanovništvo. Nestalo je i lekara koji su operisali čukljevima, inženjera koji su projektovali tabanima i sudija koje su presude pisale nogama. Još neko vreme, društvo cirkuskih artista oponašalo je život na teritoriji zagađenoj sopstvenim produktima. A onda su, usled anatomskih deformiteta, postali podložni bolestima i nesposobni za reprodukciju.

Doseljenici u opustošene krajeve bili su zaprepašćeni zatečenim prizorom. Nekoliko ostarelih naopakih hodača tumarala je po ruševinama zatrpanim njihovom pogani. Pridošlice su bile u čudu.

„Ovo je sigurno bio sanatorijum za sišavše sa uma“, reče neko od došljaka. „Pogledajte ove starce oteklih glava i krvavih udova!“

„Možda je tlo zahvaćeno radijacijom ili ih je natopila otrovna kiša“, doviknu drugi.

„Ne…“, prekinu ih mladi naučnik, koji je pre doseljavanja saznao za prilike u gradu. „Bio je to samo jedan neuspeli eksperiment. Postojalo je pleme koje je, iz nepoznatog razloga, na sebi isprobavalo štetne metode. Naopake odluke, naopake misli, naopaki ljudi, naopaki zakoni… Iz nekog nauci još uvek nedokučivog razloga, verovali su u obrnuti evolutivni tok, kao i u to da očigledne istine za njih ne važe. Naposletku, počeli su i da koračaju naopako. Bili su ubeđeni u sopstvenu posebnost i da će tako najpre stići u budućnost. I bili su uporni u tome. Čista autodestrukcija. Kasnije, kada su dovoljno odmakli, više nije bilo onih koji su mogli da razlikuju pravac. I tako su nestali.“

Nekoliko trenutaka doseljenici su ga slušali u neverici. Jedan junoša, ponukan rečima naučnika, cerekajući se, smušeno se podiže na šake, oponašajući naopaki hod. Za njim, uz glasni kikot, učini to još nekolicina…

„Šta im je zapravo nanelo najviše štete?“, upita neko iz gomile. „Slivanje krvi u glavu? Metan? Stečene bolesti?“

„Ne", odlučno reče naučnik. „Uništilo ih je ćutanje. Tišina onih koji su znali sve, ali su se pretvarali da je neodrživost održiva, i koji su verovali da će, pretvarajući se, uspeti da se spasu. Oni su ih zapravo dokrajčili."

Kolona doseljenika lagano krenu i uđe u razrušeni Naopaki grad.

Rođendan

Kupus je bežao niz Donsku ka Križanićevoj koliko ga noge nose. Za njim, na nekih dvadeset metara, poput čopora besnih pasa, jurila je horda njegovih tradicionalnih dušmana. Bili su tu Marko Glavonja, sin direktora građevinskog preduzeća *Udarnik* i večiti organizator maltretiranja mandova iz kraja. Zaostajući korak iza njega, trčao je Goksi, dugonogi lokalni mangup i jedini iz ekipe koji je mogao da se pohvali privođenjem. Teško uspevajući da održi ritam, pratio ih je i Žabac, bucmasti cvikeraš, koji se priključivao samo da mu ponovo ne bi prebacivali da je pizda. I još dvojica braće, kojima je komšiluk uvek mešao imena, znajući ih samo kao Pavloviće.

Maltretiranje Kupusa predstavljalo je omiljenu letnju zabavu klipana koji su poput šikare nicali s desne strane Bulevara, naročito u danima sličnim ovom, kada nisu imali pametnija posla. A upravo takav dan je bio. Lenj, vreo i dosadan, i trebalo je prekratiti vreme dok ne počne večerašnja utakmica Zvezde i Galatasaraja.

Kupus je znao da kritičan momenat nastupa u donjem delu Križanićeve. Ako uspe da protrči ulicu a da ne padne, i ako se domogne napuštenih radničkih baraka na ćošku, imaće šansu da se spase. Na tom mestu postoji i nekoliko napuštenih garaža, u koje bi mogao da se zavuče i sačeka da kerovi izgube volju. Njegovi goniči ne zalaze u šljakerske izbe. Bio je sitan, pravo žgoljavo Cigančе, koje je moglo da se, bez po muke, podvuče i ispod kola ili da uskoči u šaht i da tu čuči satima.

U krivini je prošao dobro. Uspeo je čak i da poveća prednost za nekih pet metara.

„Jebaću ti mater, Kupuse!", čuo je dobro poznati Goksijev glas. „Razbiću te ko pičku kada te uhvatim!"

Ne obazirući se na njegove reči, nastavio je da trči.

„Stani, pizdo mandovska!"

Pojurio je još žustrije...

Sa dvadesetak metara razdaljine ugledao je plavo-belu plastičnu kućicu. Klonja! Kao bez duše, utrčao je i brzo zamandalio bravu metalnom rezom. Smrad je bio nesnosan. Nekoliko sekundi kasnije, gomila je lupala po stranicama radničkog WC-a.

„Otvaraj!"

„Izlazi, pizda ti materina ciganska!"

„Nabiću ti glavu u kiblu kada te dohvatim!"

Goniči su režali, nesnosno treskajući po plastici koja se pod udarcima pesnica i nogu ugibala, zlokobno najavljujući neminovni epilog potere.

Razmišljao je grozničavo. Ako otvori vrata, prebiće ga kao i prošloga puta. Kapljice znoja punile su mu uši. Ne vredi ni da se pozove na starijeg brata. Od kada mu je Goksi pred svima svukao trenerku, ni njega se nisu plašili.

„Otvaraj, pizdo!", urlao je Glavonja.

Ovog puta morao je da pokuša nešto novo.

„Zamolite me lepo!", povikao je slušajući svoj glas koji je bežao iz grla.

„Šta si rekao?!“, zaurlao je Goksi.

Pokupio je pljuvačku iz usta.

„Zamolite me da izađem, i onda ću izaći.“

Lavež goniča utihnu. Nenaviknuti na ovakvu drskost, nisu se odmah snašli. Prvi se javio Glavonja.

„Vidi pizdu mandovsku… Da ga zamolimo… Pa, jebaćemo ti sve po spisku kada izađeš, znaš? Još sam hteo da te poštedim, majmune, a ti da te zamolimo…“

„Hajde da razvalimo vrata!“, povika Goksi.

„Nemoj, doći će murija!“, zavapi Žabac.

„Pa šta ako dođe?“, divljao je i besno Goksi dok je pokušao da odvali ručku. Kabina se tresla. Udarci nogu i pesnica ipak nisu uspevali da joj provale u utrobu.

„Zamolite me i izaći ću!“, vikao je Kupus.

„Ko si ti da te molimo?“, zaurla jedan od braće Pavlovića. „Da nisi u međuvremenu postao mangup?“

Goniči se uglas naceriše.

„Nisam“, odgovori Kupus. „Danas mi je rođendan!“

Ponovo nastade nekoliko trenutaka tišine. Dripci se zgledaše u čudu.

„Ne seri!“, prvi se oglasi Glavonja.

„Majke mi! Punim petnaest! Postajem punoletan!“, dreknu Kupus.

„Kakva budala!“, viknu jedan od braće Pavlovića.

„Hajde da ga zamolimo“ reče Žabac. „Možda mu je stvarno rođendan.“

„Zajebava nas Ciganštura“, reče Goksi. „Bolje da razvalimo vrata pa da mu čestitamo kako je red!“

Banda se grohotom nasmeja.

„Ako me zamolite, izaći ću odmah i možete da me prebijete!“

Nekoliko trenutaka bila je tišina. Mozgali su... Samo su Pavlovići zverali okolo kao da pogledima love golubove visokoletače.

„Zamoli ga, Goksi", nakon duže pauze reče Žabac. „Predlažem da ga pustimo danas. Rođendan mu je."

„Kakav rođendan?", uzviknu Glavonja. „Nema on pojma kada mu je rođendan! Ne zna ni ko su mu keva i ćale, ni koliko godina ima!"

Goksi pljunu u prašinu.

„Može, Ganjci, ako dokažeš da ti je rođendan!"

Raču se graja.

„Dokazaću!", povika sada već sigurnijim glasom Kupus. „Pustite me napolje."

„OK. Izađi, molim te" reče Glavonja. „Nećemo te tući."

Kupus oslušnu i navuče musavu majicu do kolena, kako ne bi videli da se umokrio. Obazrivo podiže rezu. Oštra bela svetlost zaslepi mu oči. Ruku podignutih u vazduh, poput zarobljenika, polako zakorači na asfalt, koji se topio od vrućine.

„Čime ćeš da dokažeš?", upita Glavonja.

„Da nemaš ličnu kartu?", raču se Goksijev glas.

„Ne!" Kupus visoko podiže ruku u kojoj se nalazio svežanj novčanica. „Dobio sam pare od keve za poklon. Evo! Tu je! Sedamsto pedeset kinti!"

Svi se zagledaše u Kupusa.

Goksi ponovo pljunu u prašinu. Glavonja iskrivi glavu na stranu i začkilji. Pavlovići isturiše zubala.

„Stvarno mu je rođendan!", povika Žabac.

Pavlovići klimnuše glavom.

„Stvarno ima lovu", reče Glavonja.

„OK, ako je tako, plati pivo i kvit smo", reče Goksi. „Neće biti batina. Rođendan ti je i imaš pravo da proslaviš. Za rođendan ne bijemo."

„Ali nemoj sutra opet da se vadiš na rođendan!“, dreknu jedan od Pavlovića. „Samo jednom godišnje radi ta fora!“

Glasovi odobravanja razlegoše se prostorom.

Desetak minuta kasnije, svi zajedno sedeli su ispred bakalnice na ćošku, ispijajući pivo.

„Srećan rođendan, Kupuse!“, uzviknu Glavonja brišući penu s lica.

„Živeli!“, odjeknu sokakom.

Znao je da će za pola sata te oproštene batine dobiti od oca. Kada shvati da se vratio bez novca i bez krompira, premlatiće ga iskrzanim gajtanom od pegle. Ali bio je srećan. Prvi put od kada zna sa sebe, slavio je rođendan. I prvi put, drugovi iz kraja su ga zamolili da rođendan proslavi s njima. Tada je prelomio. Ubuduće, slaviće rođendan svake godine. A ako dâ bog, i ako ga ne provale, možda i po nekoliko puta.

Greška

– Oprostite… Jesam li dobio komisiju?

– Da, izvolite.

– Želelo bih da proverim nešto u vezi s konkursom.

– Dobro?

– Molim vas, mislim da se u podacima potkrala greška.

– Kakva greška?

– Pa… greška u pogledu pobednika.

– Ne razumem?

– Pogrešno je označen pobednik.

– Kako to mislite? Označen je onaj ko je pobedio.

– E pa, nije baš tako! Pobednik je onaj ko je stvarno trebalo da pobedi, a s onim kojeg ste označili, to nije slučaj.

– A ko je trebalo da pobedi?

– Pa ja!

– Vi? Kako to mislite?

– Tako lepo. Trebalo je da pobedim ja i zamolio bih vas da u podacima načinite ispravku.

– A šta je sporno s ovim pobednikom?

– Pa… sporno je na prvom mestu to što nije trebalo da pobedi. Ne znam kako ne razumete!

– Ne razumem.

– Nije trebalo da pobedi jer sam ja već pobedio! Da li sada shvatate?

– Kada?

– Ranije.

– Hm…

– Pritom, ja sam sâm predložio ovog kandidata, razumete li? Bio je to toliko loš kandidat da je ta stvar na prvi pogled bila vidljiva.

– Ali ste ga kandidovali!

– Naravno! On je, zapravo, nemojte mi zameriti na izrazu, potpuni kreten, ako me razumete…

– Naravno da vas razumem! Samo ne razumem u čemu je problem. Pa takvi su današnji kandidati! I ne znam šta ste od nas očekivali – da nekom onemogućimo pobedu samo zato što je kreten?

– Ne, pobogu! Nije problem to što je kreten! To je odlično! Ovaj je i trebao da bude kreten, i to ne običan, nego vidljiv! Potpun! Ali problem je to što taj kreten nije trebao da pobedi, shvatate li?! Bio je tu forme radi. Ubacite nekoliko takvih i imate takmičenje! Ali došlo je do zabune, označeno je greškom da je taj kandidat, taj kompletni idiot, kojeg sam, da stvar bude gora, upravo ja predložio, pobedio i … sada je tu kretensku grešku potrebno ispraviti!

– Čekajte… Hoćete da kažete da je pobedio kandidat koji nije trebalo da pobedi?

– Konačno ste shvatili! Upravo tako!

– Uh, majku mu… Moraću da proverim. Možda je došlo do zabune u datumu prijave ili u jedinstvenom matičnom broju… Sačekajte malo…

– U redu...

(nekoliko minuta kasnije...)

– Jeste li još tu gospodine?

– Naravno!

– Hm... Tek sada mi ništa nije jasno... Podaci govore da je sve u redu.

– Kako je to moguće? Vidite li tu negde moje ime?

– Da, vidim...

– Onda samo zamenite imena i stvar je rešena. Potrebno je samo tehnički otkloniti grešku. Ne može kreten koji nije predviđen da bude pobednik!

– Ma razumem vas, nego...

– Šta nego?

– Pa... Kako da kažem...

– Recite srpski...

– Ovde se navodi da je taj, kako ga zovete...

– Kreten!

– Da, kompletni... zapravo predložio vas.

– Molim? Kako je on predložio mene?

– Pa tako. Predložio je da vi budete taj, kako kažete... kandidat koji nije pravi kandidat.

– Da ja budem...

– Da... Zapravo ste vi označeni kao...

– Kreten?

– To nisu moje reči, da ne bude zabune. Ali kao što vidite, procedura izbora je u svemu sprovedena u skladu sa zakonom. Izabran je najbolji od kandidata koji su se prijavili.

– I šta sad?

– Sada, nažalost, ništa ne može da se učini. Ali sledeći put se samo bolje organizujte. Ne smete praviti ovakve greške, ako me razumete... Važno je samo da sve bude po zakonu i da...

– Šta i da...

– I da se odmah vidi ko je prvi, ko je među vama najveći...

– Kreten, mislite?

– To su vaše reči gospodine. Samo vaše reči... Za mene su svi kandidati jednaki.

Igre nenasilne komunikacije

Sala je bila ukrašena. Oko velikih banera s logoom multinacionalne kompanije izvijali su se šareni helijumski baloni. Napadno našminkane hostese na visokim štiklama tiskale su se na bini. Bile su razdragane. Ličile su na gumene lutke. Preko puta njih – drugačija slika. Za desetak stolova u središnjem delu prostorije bili su smešteni radnici sveže privatizovane fabrike *Jedinstvo*. Na silu vraćeni s kapije kako bi se posle noćne smene družili, bili su neispavani i mrzovoljni. Podsećali su na tek probuđene brodolomnike. Pa ipak, nisu imali izbora. Bilo je tačno osam i trideset i seminar *Tim bilding – zajednički rad i izgradnja poverenja* mogao je da počne.

„Veliko mi je zadovoljstvo da vas pozdravim ispred kompanije *Soft elektriks enterprajz.*"

Licem Brajana Vesta, direktora ljudskih resursa, dominirao je uigrani, plastificirani kez. Veselo, kao da se sprema za ples, sićušni čovek zakoračio je gizdavim korakom ka sali. Prenaglašena svilena maramica virila je iz džepa kariranog sakoa, podsećajući na telo zgažene ptice. Na njegov znak, jedna od devojaka podiže foto-aparat i sasu rafal po pospanim licima.

„Prvi korak koji ćemo učiniti na naše druženje bude jedna mala igra!“ Mister Vest zacakli očima podsetivši na ekran *jednorukog džeka*.

Predradnik u metaloglodačkom pogonu, Života Rajić zvani Macola, prenu se. U kolektivu je važio za kavgadžiju s kojim nije pametno kačiti se. Večito nepoverljiv, čak i spram manjih novotarija od ove koja se odvijala na bini, čkiljio je na oko napola zatvoreno čmičkom. Bio je umoran. Tokom većeg dela noći sanirao je poplavu u kotlarnici i nije bio raspoložen za dodatno maltretiranje. Uz to, pred jutro je uspeo da potegne nekoliko gutljaja tastove orahovače, koju je, uprkos strogoj zabrani novog poslodavca, krio u velikoj traktorskoj gumi. Već izvesno vreme nevoljno je pokušavao da namesti slušalice, koje su bile premale za nekoliko brojeva veću glavu. Mršteći se, zagledao je hostese. „Da sam juče umro, mogô bi da se zakunem da ovake ribe postoje samo na filmu“, pomisli i protrlja bradu.

„Jedna od osnovna stvar koji svi volimo je…“ Moderator je entuzijastično pogledom šarao po sali.

„Seks!“, povika Macola i ne gledajući ga. Salve grubog smeha i zvižduka zaparaše prostor. „Povišica!“, začu se odnekud. Macola podiže obrvu i kiselo nakrivi brk. Mića Pinđur zvani Pevac okrete se iza sebe i uzvrati mu zavereničkim kezom. Iako su ih prošle zime jednom jedva razdvojili na krugu, ovoga puta bila mu je potrebna podrška u osudi budalaste predstave.

„Hah, sjajno! Bravo!“, uzviknu moderator. „Srbi su poznati po smisao za humor! Samo ovoga puta će naš zadatak biti nešto drugo. Molim vas za malo pažnja!“

Maricu Jon, krojačicu sa tridesetpetogodišnjim stažom, veseli poklič domaćina prenu iz kratkotrajnog sna prošaranog tihim mačjim hrkanjem.

„U ovoj kutiji imam papirna kuglica", nastavi čovečuljak sa pticom u reveru. „Prvi tim, dame i gospoda za stolom broj jedan, imaće specijalna zadatak!"

Trenutak dramske pauze izmami nekoliko začuđenih pogleda.

„Pokušaće da ostvare komunikacija sa svoje kolege za sto broj tri koristeći samo ova rekvizita!"

Macola se okrete prema Pevcu. Reči nalickanog nisu pronalazile put do njegovog srca. „Šta sere ovaj?", upita Pevca, ali ga moderatorov glas prekide.

„Druga grupa dobiti pištolj na voda." Čovečuljak veselo podiže žutu plastičnu repliku i nekoliko puta pritisnu okidač, šaljući mali vodoskok u pravcu tavanice. „Vaša zadatak je da sa ovog oružja pridobijete kolege za saradnju. Potrebna vaša kreativnost! Razmislite šta sve moguće upotrebiti pištolj osim pucanje."

Tek sada u potpunosti razbuđena, Marica Jon sa čuđenjem pogleda na spravu koju je hostesa ostavila na stolu. Nekoliko puta ju je okrenula u ruci, a zatim je i sama jednom pljucnula iznad glave.

„He!", izlete joj. „Vidi!"

„Moment! Čekati na znak!", povika moderator. „Poslednja dva razvijaju međusobno poverenje. Učesnici slobodno koračaju po sali i misle da idu po leda. Kad ocene da je pravi trenutak, pada na podu, a ostali pomažu ustanak."

Narator se uvijao oponašajući nešto nalik noćnom prelasku rukavca pod udarima košave.

Koviljka Kresoja zbunjeno se okrete prema mladoj koleginici koja joj je nedavno dodeljena na obuku.

„Je li, mala... Je l' to ovi nas kecaju od sabajle? Nije dosta što su nas bombardovali?"

Praktikantkinja pomirljivo slegnu ramenima.

„Ma... boli me... Bolje oni nego da me od sabajle hefta pakirovka", reče i široko zevnu.

„Pažnja, pažnja!" Gospodin Vest je visoko podigao šaku. „Tri... dva..." Hostesa je veselo mahala kutijom u kojoj su donedavno bile naslagane papirne kuglice. „Pozor... Sad!"

Nekoliko trenutaka prisutni su se zbunjeno zgledali. Bilo je vidljivo da niko nije znao šta se od njih očekuje.

„*Come on! Come on!*", povika jedna od hostesa, praveći pokrete koji su podsećali na koitalne kretnje. Njena koleginica opali još jedan rafal velikim aparatom.

Marica Jon se začkilji u kepeca.

„Da me bog ubije ako znam šta treba da radim", reče kao za sebe. Čuvši njene reči, kroz režeći kašalj, zaurla Macola:

„Pa uzmeš to i pofajtaš Đoku Fritezu. Valjaće mu! Ionako se nije kupô od Male Gospojine."

„Ćuti, bre!", povika Marica. „'Oću da čujem da l' će ovaj paun još nešto da kaže!"

„Ja neću ovo da radim", uzviknu Koviljka Kresoja i skide slušalice sa glave. „A vi, ako želite da vas ovi majmunišu, samo izvolite!" Nekoliko radnika za drugim stolovima učini isto.

Uplašen da bi projekat mogao da se izjalovi, moderator u trenu izvuče keca iz rukava.

„Zaboravio sam rekla da smo za najbolji pripremili vredna nagrada!"

„Kakvu nagradu?!", doviknu magacioner Mića Jarac.

„Tim koji ima najbolja mašta i inicijativa, dobije dva plaćena dana. Može da spaja sa praznicima! *Isn't that great?* Nije li sajjna!"

Salom prostruja žamor. Hostese se zacerekaše. Neko prodorno pusti vetar...

„*Come on! Come on!*", ponovi ona ista klateći se.

„Dva slobodna dana za vaša kreativnost! Samo je važno da odbacimo predrasuda i da se igramo!" Ne bi li animirao zamrli auditorijum, čovečuljak veselo mahnu rukama bacajući prvi papirni projektil ka jednoj od saradnica. Ova mu uzvrati još jednim rafalom.

„Macola!", uzviknu Pevac. „Aj se igramo. Ko mu jebe mater!"

Macola ga preseče ispod oka. „Čibe bre!"

Međutim, Pevac lenjo baci jednu papirnu lopticu koja ovlaš pogodi Macolu u rame i skotrlja se na pod. Ovaj ga prezrivo pogleda. Pevac ponovi sa drugim smotuljkom, koji je ovoga puta bio precizniji, pogađajući Macolu tik ispod oka.

„Koji ti je moj?", zaurla grmalj.

Pevac se naceri. „Pokušavam da ostvarim komunikaciju s tobom! Što si na kraj srca? Možda dobijemo dan!"

„Ej bre... nemoj me kecaš!", odbrusi Macola tresnuvši smotuljak hartije o pod. „Nađi drugu budalu za ovo. Odo' da spavam."

„Polako gospodin!", povika domaćin. „Učestvujte u igra... Kolega ostvarila inicijativa, a vi evo... možete sa isti papirna kugla ostvariti saradnja sa njim!"

Macola ga premeri pogledom punim sažaljenja, prosikta psovku i besno sede u stolicu.

Negde u isto vreme, Marica Jon ispali kratki projektil ka Ruži Jekić iz kantine. Tanki mlaz kliznu od vrha Ružinog čela i zaustavi se u uglu usne prekrivene debelim slojem neprecizno nanetog karmina. Crvenkasti potočić sjuri se niz duboki kanjon na bradi.

„Koji ti je bre?!", povika Ruža i obrisa rukom razmazotinu. „Je l' ti vrana mozak popila pa i ti izigravaš budalu?" Marica se glasno zakikota.

„Vidiš da igra počela!“, uzviknu kepec i veselo potapša Maricu Jon. „Idemo!“

„*Come on! Come on!*“, kliknuše uglas hostese.

„Ljudi, ovo je glupost!“, povika Mira Krasić iz računovodstva. „Ovako nas niko nije zajebavao. Ovo treba reći direktoru. Izvinite, gospodine...“ Međutim, sve jači žamor nadjača njene reči.

„Bravo! Idemo! Samo maštovita!“, urlao je moderator, shvativši da učesnici konačno prihvataju zabavu. Sa velikih zvučnika zagrme muzika.

Jedna po jedna, prostorom poleteše prve papirne kugle. Neke od njih oduševljeno su bacale animatorke, gađajući jedna drugu, i uporedo s tim, začikavajući učesnike. Za njima se ukrstiše kratki vodeni mlazovi iz plastičnih pištolja. Za tili čas, desetine papirnatih smotuljaka počeše da veju s plafona. Izgledalo je da se igra među radnicima primila. Jedna od radnica iz računovodstva, za stolom broj pet, teatralno je tresnula na pod, glumeći nespretan hod po zaleđenoj reci. Hostesa pritrča i unese joj foto-aparat u lice. Na licu moderatora skakutao je osmeh. Namignuo je barbiki. „*Great!*“

A onda je, neznano odakle, odnekud doleteo plastični svećnjak. Tresnuo je na sto Pevčevog tima, prevrnuvši bokal vode i nekoliko papirnatih čaša. Ruža Jekić ciknu. „*Oh, my!*“, povika moderator mahnuvši rukom. „*Stop!*“

„Nemoj više da me gađaš!“, besno urliknu Macola. Pogledom je streljao Pevca, koji se sve glasnije cerekao.

„Gospodin!“ vikao je moderator. „Polako! Ne može u igra koristiti drugi predmeti. Samo papirna kugla. Molim!“

„Ti će' mi kažeš?!“, besno mu u brk odbrusi Macola.

Istovremeno, iz drugog kraja sale začu se jauk. Mlada saradnica Koviljke Kresoje energično je vukla puniju administrativku po podu.

Stubaste čekinjave noge njene žrtve naizmenično su udarale u okolne stolove.

„Pazi mi čarape!“, vikala je nesrećnica, ali to ne zadrža omladinku u zanosu. „Vidi... Kô lane na ledu!“ zareža devojka. „Diži dupe, debela!“

„Samo polako!“, povika mister Vest okrenuvši se zabrinuto prema njima. „Nema nasilje! Samo ljubaf!“

Međutim, privučen onim šta se događalo u parteru, moderator nije obraćao pažnju na razvoj situacije za stolom broj jedan. Besan zbog Macolinog postupka sa svećnjakom, Pevac je odnekud iskopane kuglagere umotao u nekoliko papirnatih okruglica. Dobivši novu masu, olovne grudve poleteše salom. Otežani projektili sada su sasvim precizno pogađali predstavnike Macolinog tima. Začu se nekoliko potmulih, ali sasvim uverljivih jauka. Kada je shvatio da troši previše dragocenog vremena na kamufliranje sačme, Pevac otvori limenu kutiju i zasu tim broj tri krupnom metalnom kišom. Rafal zazveča po limenom stolu, a nekoliko prisutnih, pogođenih čeličnim čvrgama, uz bolnu grimasu uhvati se za lice.

„Jebem ti...“

„Majku ti...“

„Gospodine Veste, ostvarili smo komunikaciju!“, zaurla veselo Pevac. „Sad idemo na nagradu!“

Za tili čas, odasvud su dopirali povici. Većina prisutnih sada je već ustala od stolova po kojima su se kotrljali bokali s vodom i papirne kugle. Salom su se valjali smeh i kletve.

Shvativši da stvari prete da se otrgnu kontroli, moderator se hitro pope na podijum.

„Molim za malo pažnja! Vratite se svi na svoja mesta! Moramo igrati bezbedno!“

U tom trenutku mu Pevčeva metalna grudva prolete tik pored glave i završi u velikoj somotskoj zavesi.

„Siđi dole nalickani!“, povika neko. Trenutak kasnije, mister Vest je stajao zbunjen, pokušavajući da shvati šta se zbiva. Mića Jarac pritrča i ote mu mikrofon iz ruke.

„Proglašavam zimske olimpijske igre otvorenim!“

Na ove reči, nastade opšti metež. „Nenasilna komunikacija!“, zaurla odnekud Macola. U nekoliko hitrih koraka, privukao se Pevcu iza leđa, koji ga, zaokupljen deljenjem kuglica članovima tima, nije primetio. Snažnim zamahom ručerde, sjurio mu je veliku plastičnu stolicu po nikada srasloj fontaneli. Pevac se stropošta na zemlju bez glasa, rasipajući stotine kuglagera po podu. Darovani trenutak Macola iskoristi za zarivanje špica cipele u Pevčevu slabinu. Udarac razmrda žrtvu. Uprkos bolnoj grimasi, Pevac se veselo naceri i pljesnu rukama.

„Jebô sam ti mater sad!“

Mister Vest je panično trčao po sali. Mobilnim telefonom, koji je stiskao na uho, pokušavao je da pozove pomoć. Istovremeno, probao je da prepreči put Đoki Fritezi, koji je s uvijenom zastavom jurišao ka gomili koja se stvorila kod stola broj jedan.

„Kuš bre!“, brecnu se Friteza i odgurnu ga ramenom. „’Oću budem maštovit!“

„Zovite direktora i obezbeđenje!“, povika usplahireno domaćin. „Ovde je haos!“ Hostese se uzmuvaše i pojuriše prema vratima u dnu sale. Neko ugasi svetlo u delu iznad podijuma. Odnekud se začu prasak slomljenog stakla.

„Idemo! Idemo!“, urlala je Marica Jon, koja je, umesto pištoljem, suparničku ekipu sada polivala punim bokalima vode, koje je otimala sa stolova.

„Izvinite!", vikala je Mira Krasić, koju je igra takođe obuzela. „Koleginica Jon ne poštuje pravila! Ustaje od stola!"

„Biće joj oduzeti pojeni!", kikotao se Jarac.

Noseća šipka podne pepeljare prolete tik iznad Krasićkine glave. U trenutku kada se okrenula, kako bi videla odakle dolazi napad, ogromna cvetna ikebana sa svečanog stola završi joj na temenu. Korenje visokih stabljika i nakvašena zemlja skliznuše s kvrgavih ramena na pod.

„Idemo!", povika Ruža iz kantine. „Gutaj blato, Krasićka!"

Hostese su vrištale. Pokušavale su da nađu zaklon iza velikih reklamnih panoa. Međutim, tu ih je s velikim vatrogasnim crevom, izvučenim iz protivpožarnog ormarića, čekao Mića Jarac.

„Lejdis!", uzviknu glasom koji je oponašao bariton voditelja noćnog radijskog programa. „Sada ćete imati jedinstvenu privilegiju da vidite kako Mića Jarac vodi ljubav!"

„*Please!*", povika jedna. „*Stop!*", molećivo je cvilela njena koleginica, koja se čitavog života manično plašila silovanja.

„Ma nema sada stop i pliz!", uzviknu Jarac, kojem se čitavo lice smejalo. „Sad samo erotika!"

Prestravljene devojke pojuriše ka izlazu. Jednu od njih sustiže neprecizno ispaljena Pevčeva sačma. Nesrećnica se bolno savi ka podu, stiskajući teme iz kojeg šiknu gejzir.

„*Help!*", povika njena prijateljica. „*Doctor!*"

Strahoviti mlaz suknu prostorijom. Crevo se izvi poput džinovske zmije i vodeni projektil pogodi masivni luster, koji se uz zaglušujući prasak sjuri na pod.

„U, jebote!", izlete Mići Jarcu, zatečenom silinom udara. Kada je obuzdao crevo, usmeri vrh prema Pevcu. Metu je uhvatio u trenutku kada se ovaj spremao da hitne još jednu šaku lagera prema Macolinom stolu. Udarac je bio toliko snažan da Pevac polete na sto broj pet, na kojem je Koviljka Kresoja polivala sok od jabuke po blatnjavom licu Marice Jon.

„Ovo je dobro!“, urlao je Macola, sjurujući punu šaku pokupljene sačme u lice mokrog i krvavog Pevca, koji je ležao na polomljenom stolu. „Burazeru, ovo je baš dobro!“

U sali je buktao rat. Prostor je bio ispunjen jaucima, lupnjavom i divljim smehom. Voda iz creva natapala je itison dok su okupljeni radnici *Jedinstva*, poput pobesnele krvožedne rulje, jurišali gađajući se viljuškama, noževima, stolicama i svećnjacima. Oni spretniji uspevali su da iskoriste zaklon sačinjen od oborenih stolova, sklanjajući se od udara sačme, stolica i drvenih motki.

Obavešten od strane dežurnog o onome što se događa, direktor Dobrivoje Anđelković je besno hitao prema sali.

„Ko je tamo s njima?“, urlao je u telefon. Bio je kivan zbog činjenice da su ga prekinuli usred poslovnog ručka sa inopartnerom. „Koji idiot je to smislio? Jebaću mu majku majčinu! Zovi Rakića da dovede obezbeđenje!“

Međutim, kada je ušao u salu, spreman da sa vrata zaurla i podeli otkaze, zatekao je prizor koji ga je naterao da ustukne.

Mića Jarac gurao je jednu od hostesa ispred sebe, koristeći je kao živi štit. Trčao je usmeravajući preneraženu ženu. Raščupane kose i zgužvanog lica, podsećala je na Lotrekovu gospođu iz restorana *Mrtvi pacov*. Telo mučenice primalo je po sebi plastične tanjire, papirne kugle i mlazove vode i soka. Iz kabine za prevodioce dopirao je gusti crni dim.

„Stani!“, uzviknu direktor Anđelković. „Čuješ li šta ti govorim?! Obustavljaj odmah!“

Obnevideo od batina i dima, pomislivši da je suparnička ekipa dovela pojačanje, Macola zgrabi crevo i usmeri ga ka uljezu. Pogođen žestokim udarom, direktor polete nazad ka vratima i pritiskom vode ostade zalepljen za štok.

„Direktor, jebote!“, povika neko.

Držeći crevo u jednoj ruci, Macola obrisa mokro lice, kako bi se uverio o čemu je reč, ali ga u tom trenutku u teme pogodi odnekud bačen ajncer.

„Jebote, direktor!“, povika Pevac koji je na leđima nosio onesvešćenog mister Vesta. Iz njegovog džepa izvadi veliku šarenu maramicu i s čela obrisa krv.

Prestravljena mogućnošću da dobije otkaz, Marica Jon pojuri preko sale, kako bi pružila pomoć direktoru Anđelkoviću.

„Stanite, ljudi!“, povika prenerаženo. „Direktor je povređen!“

Odnekud odjeknu pucanj. Nasumično ispaljeni signalni metak obasja salu i za trenutak učini da lica većine prisutnih ponovo postanu vidljiva.

Čuvši ovo, Aleksa Popara, penzionisani čuvar i ratni veteran, poskoči u stražarskoj kućici na rubu dvorišta. Raspoređen na ovo radno mesto kao tehnološki višak, s dijagnozom posttraumatskog stresnog sindroma, pomislio je da je konačno krenuo napad. Hitro je oko struka obavio opasač, u kojem se gnezdio CZ 99, i istrčao na krug preduzeća.

„Mudžahedini!“, zaurla. „Mamu vam jebem, odavno vas čekam!“

U trenutku kada je zajapuren uleteo u salu, druga svetleća raketa zaparala je nebo nad bojištem. U kovitlacima dima, sijalo se tek poneko narandžastom svetlošću obasjano lice. Poparu je prizor podsetio na trenutak kada je na Ozrenu neprijateljska artiljerija noću zasula njegove položaje. A onda je u uglu prostorije ugledao otmičara. Sa žrtvom na ramenima, pokušavao je da kroz metež pobegne ka požarnom izlazu.

„E nećeš ga majci, balija!“, promumla. Odjeknu pucanj. Krik koji se prolomio bio je toliko snažan da je uspeo da nadjača i zaglušujuću buku koja je odjekivala prostorom.

„Pogođen je čovek!“, uzviknu neko. Marica Jon iz ruku ispusti glavu onesvešćenog direktora Anđelkovića. Mića Jarac odgurnu razdrljenu hostesu.

„Jebaću vam mater svima!“, povika Popara i ponovo uperi pištolj u maglu.

Bilans tim bilding eventa bio je zastrašujući. Od javnosti je dugo skrivana istina o tome šta se dogodilo na seminaru u fabrici *Jedinstvo*. Jedna prostrelna rana, trinaestoro teže i dvadesetoro lakše povređenih, hostesa koja je tvrdila da je seksualno zlostavljana, u potpunosti spaljena prevodilačka kabina, uništena strujna instalacija, izrovan laminat, polomljeni prozori i jedna sigurnosna vrata, na desetine uništenih stolova i stolica…

Sudija Zoran Gavrić je u neverici listao izveštaj veštaka. Setio se kako se pre trideset godina u Torontu prvi put sreo sa igrama nenasilne komunikacije. Profesorka engleskog podelila je imigrantima raznobojne sunđeraste kuglice… „Igrajte se“, povikala je radosno. Osećaj koji je kod njega izazvala bio je jedan od razloga za povratak u zemlju koja je tonula u rat. *Ako već moram da glumim budalu, lakše mi je da to činim na sopstvenom jeziku,* pomislio je mladi Gavrić. *Ponekad je časnije poginuti.*

„Šta ste želeli da postignete igrom?“, pitao je Brajana Vesta. Zbog povrede zadnjice, koju mu je naneo Poparin rikošetirani projektil, direktora Ljudskih resursa *Soft elektriks enterprajza* saslušavao je kao oštećenog. Oslonjen na štake, mister Vest snebivljivo procedi:

„Hteli da naučimo komunikacija… Nenasilna…“

Sudija Gavrić rezignirano klimnu glavom i ponovo se zagleda u papire.

„A kako su komunicirali do tada?“

Mister Vest premesti težinu na drugu štaku i načini blagi iskorak zdravom nogom.

„Pa… Dolazilo je do povremena nesporazuma… Nekada svađa… Bilo i nekoliko tuča…“

Gavrić zamišljeno napući usta i zagleda se u Vesta.

„Nesporazumi, kažete?“

Svedok potvrdno klimu glavom i podiže zbrzani pogled.

„Ne znam da li shvatate, gospodine Veste?“, promrmlja sudija Gavrić i prstima protrlja čelo. „I nesumnjivo zatucani i povremeno nasilni pre vaše igre, radnici su ipak kako-tako funkcionisali. Izvesno je da njihova radna etika i komunikacija nisu bili na nivou koje ste sretali u fabrikama u Kelnu, Bazelu ili Lidsu, ali je uprkos tome, firma decenijama tržište snabdevala elektrokablovima i pratećom opremom, zar ne?“

Mister Vest se snebivljivo složi.

„Koliko mi je poznato“, nastavi sudija, „nikada ranije tokom radnog procesa, u rešavanju nesporazuma, nisu koristili vodene topove, signalne rakete i pravu municiju. Slažete li se, gospodine Veste?“

Oborenog pogleda, oštećeni klimnu.

„Ali sve to se promenilo“, oštrijim tonom nastavi Gavrić, „kada ste došli da ih naučite da komuniciraju! Kada ste im podelili pištolje i praćke kako bi se igrali, gospodine…“

„Vest…“, prozbori oštećeni.

„Spreman sam da vam zato dam jedan savet“, nastavi sudija Gavrić. „Nemojte im više pomagati. Pištolji, makar i plastični, i kamenice, čak i kada su papirne, ovde izazivaju snažne emocije. Ostavljali su ozbiljne posledice, naročito kada su ih donosili sa strane. Kao što vidite, i sami ste iskusili opasnost jednog takvog eksperimenta, iako ste, po svemu sudeći, ovoga puta dobro prošli. Imali ste više sreće od mnogih koji su ovde pokušavali da uspostave nova pravila i red."

Nekoliko trenutaka, u sudnici je vladao muk.

„U vašim podacima vidim da vam je deda posthumno odlikovani vojnik Vermahta", nastavi sudija. „Gde je služio?"

Mister Vest pomeri pogled u stranu.

„U blizini Kraljeva."

Sudija Gavrić se kiselo osmehnu.

„Nadam se da ste pravilno razumeli moje reči gospodine..."

„Vest..."

Sudija Gavrić klimnu glavom.

Istog popodneva, po povratku iz suda, angažovani na krečenju demolirane sale, Macola i Pevac su se pokoškali zbog četke koju je neko od njih dvojice ostavio ulepljenu u lavabou. Marica Jon je opsovala Miću Jarca zbog dronjave krpe kojom ju je zadužio za pranje zagaravljenih prozora. Koviljka Kresoja je pokazala srednji prst mlađoj koleginici, koja joj je prebacila zbog jučerašnjeg svedočenja u sudu... Međutim, dve nedelje kasnije, sala je bila renovirana, i niko ko nije bio upućen u pređašnje događaje na osnovu njenog izgleda nije mogao da zaključi bilo šta o razmerama rata koji je tu vođen. *Soft elektriks enterprajz* vraćao se redovnoj proizvodnji. Život u preduzeću pulsirao je uobičajenim ritmom.

Do kada? – pitao se direktor Anđelković.

Do nove igre? – pomisli sudija Gavrić zatvarajući prašnjavi predmet.

U magli

Tog jutra, na Frankfurtskom aerodromu, koji je od prethodne večeri bio zatvoren zbog magle, na suprotnim stranama golemog zdanja zatekla su se dva prijatelja. Jedan od njih, Zoran, visok i mršav, nestrpljivo je čekao let za Vankuver. Drugi, Goran, nešto niži i znatno puniji, vraćao se u Beograd iz Štutgarta. Umorni od neprospavane noći, nervozno su šetkali unaokolo, bacajući pogled ka ekranima na kojima su se smenjivala obaveštenja o otkazanim letovima.

Da se ovaj naizgled beznačajni događaj odigrao u zgradi neke manje vazdušne luke, dva školska druga bi se verovatno srela. Posle početne zatečenosti izazvane neočekivanim susretom, razgovor bi ih prirodno naveo na razloge njihovih putovanja. Zoran bi nevoljno objasnio da u Vankuver ne ide kao turista.

„Ostajem tamo", rekao bi, ali bi, izgovarajući ove reči, osetio neprijatnost izazvanu činjenicom da u pečalbu ide nakon što je za njegove ispisnike odavno prošlo vreme za takve poduhvate.

Goran bi bio zatečen. „Mora da se šališ", rekao bi izvijajući obrve, ali bi Zoran kratko odmahnuo glavom. „Ajmo na piće. Valja prekratiti ovo čekanje", rekao bi novopečeni gastarbajter. Tek posle

Goranovog insistiranja da mu pojasni razloge neočekivane odluke, najpre oprezno, a kasnije sve življe, suočio bi ga sa osnovnim crtama proćerdane biografije.

„Znaš, ja sam se zajebao kada sam ostao tamo. I manje-više, to je to. A ti?", upitao bi želeći da što pre pobegne iz slepe ulice u kojoj se zatekao i da pažnju sa sopstvene istorije prenese na Goranovu. „Otkud ti ovde?"

„Ja se vraćam", odgovorio bi Goran, i dalje zainteresovaniji za prijateljevu sudbu nego za ko zna koje po redu prepričavanje razloga koji su ga nagnali na povratak. „Ne želim da umrem u tuđini. A voleo bih i da malo proživim ovo što je preostalo."

Slušajući ga, Zoran bi prevrtao novčanice, nevoljno krckajući ušteđevinu koja je trebalo da mu se nađe dok Bugarka iz Toronta ne napravi papire za kamion. Za to vreme, Goran bi naručio još jednu turu, radujući se skorom povratku u momački stan na Čuburi.

Da se ovaj događaj zaista odigrao, znajući koliko magla na Frankfurtskom aerodromu ume da potraje, dva prijatelja iz detinjstva bi narednih nekoliko sati provela u ćaskanju. Ispijali bi jednu za drugom turom (Goran bi u međuvremenu obznanio da će on platiti račun) i kočnice bi neprimetno popustile. Okuražen toplotom koja se širila trošnim venama, Zoran bi između ruba čašice i Goranovog zabrinutog pogleda smestio čitav jedan život – priču o ratnim godinama, inflaciji i gladi, o ženi koja je tokom bombardovanja umrla na porođaju usled nedostatka krvi, o mobilizaciji i ranjavanju u nekoj slavonskoj pustari, o potucanju po hodnicima službe za zapošljavanje, motanju škije u novinsku hartiju, o izdaji, radu na vratima noćnog kluba i razvoženju hrane, o nadama da će kao nastavnik geografije uspeti da se zaposli, o snovima i sramoti... „Znaš, ja sam se samo zajebao", zaključio bi.

Ganut njegovom sudbom, Goran bi i sam opsovao tuđinu, novogodišnje noći provedene u vožnjama metroom, kupovinu namirnica sa isteklim rokom trajanja, ljubav sa pijanom Španskinjom kojoj je recitovao Disa, glad za prijateljima i kajmakom, godine provedene u dužničkom ropstvu, ženidbu za papire, potucanje po stanovima u suterenu i samoću. „Nemoj da misliš da sam ja bio srećan", rekao bi na kraju. Onako pijani i melanholični, privlačili bi zbunjene poglede kada bi zagrljeni plakali na kraju.

Ali bio je to Frankfurtski aerodrom. Golema vazdušna luka. Iako su u jednom trenutku, kada se magla konačno razišla, u gomili putnika prošli sasvim blizu jedan drugog, dva prijatelja se ni tog jutra, a i nikada kasnije, nisu srela. Ne čuvši prećutane priče, pohitali su u susret novim životima. Stradavši nekoliko godina kasnije u tuči u bašti restorana *Kumanovo*, od ruke ratnog veterana kom je pijan opsovao majku, Goran jeste uspeo da izbegne sahranu na Štutgardskom groblju. Orkestar sastavljen od nekoliko banatskih Roma, dvojice avganistanskih migranata i jednog pančevačkog profesora fizike u penziji, poslednji put mu je odsvirao *Tiho noći*.

Zoran je narednih dvanaest godina proveo na točkovima, zaradivši dovoljno novca da otvori sopstvenu prevozničku firmu i da na benzinskim pumpama između Kalgarija i Otave balkanskim emigrantima redovno plaća piće. Ali umesto u porodičnoj grobnici na Lešću, kako je nameravao, večni dom našao je jednog ranog septembarskog jutra u kanjonu nazvanom po nekom poglavici plemena Kri. Da su ga pronašli kako ispijen i bled poput krpene lutke visi sa grane stoletnog bora u podnožju, u njegovom džepu bi našli i kamičak iz dvorišta napuštene kuće u Borči.

Ali čak i da su se tog jutra na maglom okovanom Frankfurtskom aerodromu dva prijatelja srela, ova priča bi verovatno ostala ista. Zašto, upitaće možda zbunjeni čitalac. Zato, odgovoriće mu odlučno svaki, pa i novopečeni nomad, što od tuge na sopstvenom ognjištu nikada niko pobegao nije.

Pa šta?

– Čoveče, da li ste normalni?! Hej, vi…

– Molim?

– Kako vas nije sramota?! Ukrali ste mi novčanik!

– Ja?

– Da, vi! Ne pravite se blesavi!

– Pa šta? (gleda zbunjeno) Ne razumem.

– Šta ne razumete? Ne pravite se ludi! Smesta ga vratite!

– Šta da vratim?

– Moj novčanik! Ovaj koji ste upravo ukrali! Taj što držite u rukama!

– Zašto?

– Šta zašto?

– Zašto da ga vratim?

– Ne mogu da verujem koliko ste bezobrazni! Zato što je moj!

– Odakle vam to?

– Šta odakle mi?

– Pa to da je novčanik vaš? Imate li neku potvrdu o tome? Nešto gde piše da je vaš?

– Gde piše da je moj?! Pa upravo ste ga izvadili iz moje tašne!

– To vi tvrdite, ali ja vas opet lepo pitam: gde piše da je vaš? (gleda novčanik) Na njemu nema ničega!

– Vi ste bezočna lopuža!

– Sad i vređate. Optužujete me za krađu, a ne možete da dokažete da je stvar vaša. Koliko je to drsko! Ali svi ste takvi! Kao gospoda, a sve prevaranti! Ne sećam se da je neko zucnuo kada su demonstranti krali patike po prodavnicama. Tada vas nije bilo briga! Ili kada su iz skupštine iznosili slike i nameštaj! Ili kada su Britanci krali po Indiji! Ni reči! A sada meni nešto pričate! Kako vas nije stid?

– O čemu pričate? Kakve to ima veze s ovim? Vi i dalje držite moj novčanik!

– Ne, nego vi sada hoćete da me u to ubedite i da ga oduzmete od mene!

– Nečuveno! Ja hoću da ga vratite!

– Dakle, hoćete da više ne bude moj?

– On nikada i nije bio vaš!

– Još jedna tvrdnja koju ne nameravate da potkrepite dokazima? Novčanik je moj, a vi se, ako tvrdite drugačije, obratite institucijama. Ionako stalno meljete: „Pustimo institucije da rade svoj posao." Pa evo! Pustite ih sada da rade svoj posao! I, izvinite me, žurim. Već sam previše vremena izgubio s vama, a vi ste očigledno besposleni i malo bi se svađali.

– Ma sad ćete da vidite! (poseže za novčanikom)

– Policija! Upomoć! Krađa!

(nekoliko trenutka kasnije stiže pozornik i razdvaja učesnike)

– Mir! Smesta obustavi sukob! Gospođo, vratite čoveku novčanik!

– Ali to je moj novčanik, oteo mi ga je iz ruke!

– Imate li dokaz za to? Ne može to tako na reč… Nama su samo dokazi važni.

– Kakav dokaz? Pa novčanik je bio kod mene i on ga je oteo!

– Pa šta ako je bio kod vas? Kao da je to dovoljno. Prethodno je mogao biti ko zna gde. Poći ćete u stanicu da date izjavu. (gura je ka marici) Ne opirite se!

– Ja da dam izjavu?! A ovaj lopov se ceri!

– Ko je lopov, a ko nije, utvrdiće institucije. Do tada, ovaj čovek je nevin, a vi ste ga preda mnom napali i vređali.

– Vi stvarno niste normalni!

– Evo, sad vređate i organe reda! Nečuveno! Za ovo ćete završiti u zatvoru, obećavam vam! A vi, gospodine, izvinite na ovoj neprijatnosti. I dalje, nažalost, postoje ljudi koji nikako ne mogu da se pomire s tim da je ovo država u kojoj vlada red i zakon!

Tim

Otkad ih poznajem, Diša i Kili nisu se razdvajali, kao dve strane novčića i nogavice istih pantalona. Bilo je moguće razumeti ih isključivo kao jedinku sastavljenu od dva bića i njihovih naizgled nevidljivih suprotnosti. Čak i kada bi jedan od njih odlučio da se nakratko odvoji zasebnim odlaskom u prodavnicu ili u šetnju, znali smo da je reč o privremenom poduhvatu i da su epizode osamostaljivanja samo izuzeci koji potvrđuju pravilo o njihovoj prirodnoj nerazdvojivosti. Diša i Kili bili su sijamski blizanci sastavljeni od ta dva nasumično odabrana i slučajnom igrom sudbine, zauvek spojena tela.

Nerazlikovanju je doprinosila činjenica da su i fizički bili slični. Obojica su imali rokerske frizure sklepane od nemarno razbacanih pramenova kose, koji su sezali do ramena. Dok je Kilijeva kosa uvek bila nešto tanja i neurednija, Diša je povremeno umeo i da se isfenira i zagladi. No bez obzira na ove razlike, bili su ponosni na svoj izgled. Naposletku, ovaj simpatični dvojac spajala je i ista izbeglička sudbina. Odbegli iz zemlje koja je tonula u rat, Diša i Kili sanjali su iste azilantske snove. I kao i većina azilanata, bili su uvek švorc.

Kako sam izvesno vreme u *Smogu* solidno živeo od muziciranja, pokušao sam da im pomognem. Da je stvar postala ozbiljna, shvatio sam kada sam primetio kako Kili (inače strastveni pušač) kupuje cigarete na komad i kako se raduju zbog činjenice da su do nedelje uveče uspeli da razvuku poslednju od dvadeset funti, koliko su odredili za hranu. Rezerve ponete od kuće ubrzano su se topile i besparica je kucala na vrata. Pa ipak, Diši i Kiliju nije padalo na pamet da odustanu. Bili su rešeni da se nikada više ne vrate u zemlju koja, kako su verovali, prema njima nikada nije bila fer. Predali su dokumenta za azil i čekali da neka od umornih policajki u Krojdonu njihove pasoše ponese sa ispravama gomile drugih nevoljnika iz Avganistana, Bocvane i Čilea.

Prvu šansu pružio im je debeli Arapin, koji je na Erls kortu držao perionicu kola.

„Tražite posao momci?“, procedio je kroz zube videvši ih kako otvorenih usta zure u oglas u izlogu. „Ako moje mušterije budu zadovoljne, biće to dvadeset funti nedeljno plus bakšiš! Šta kažete?“ Slao ih je na teren, gde bi Kili u rukama držao veliku kofu kipuće vode, dok bi Diša sunđerom premazivao karoseriju i stakla. Za čišćenje unutrašnjosti skupocenih limuzina, koristili su nešto nalik malom usisivaču čudesne snage. Priliv svežeg novca učinio je da blizanci ponovo živnu. Kili je ponovo imao dovoljno love za pravu pravcatu paklicu kenta i pivo, dok je Diša opet, umesto sendvič-salame, mogao da se počasti tanko rezanom ćuretinom.

Sreća je ipak trajala kratko. Kilijevo otkriće da većina vlasnika bentlija, martina i rojsova u pregradi kod menjača ostavlja novčiće od funte, skupo ih je koštalo. Ubeđen u to da bogataši ne vode računa o kusuru, Kili je tesni dohodak sve češće dopunjavao ponekom metalnom kovanicom. Lekciju o tome da novac nikada ne može biti toliko sitan da bi bogatašima prestao da znači naučio je na bolniji način.

„Govno jedno!“, urlao je lakirani berzanski mešetar šamarajući ga. „To je novac za prosjake! Kako te nije sramota?!“

Zajapuren, gušeći suze, Kili je razmišljao da ga pošalje u majčinu i da mu kaže da ga nije sramota jer se i sam oseća kao prosjak. Međutim, pogled na krotiteljeve cipele od krokodilske kože uverio ga je u to da ovaj to i onako ne bi mogao da razume. Umesto toga, polizao je srednji prst i uperio ga je u pravcu svoje poslednje mušterije.

Diša je bio besan. Prebacivao je Kiliju da su zbog njega izgubili poslednju nadu koja ih je spasavala bankrota i proterivanja. Zamišljeni, sva trojica smo sedeli u malenoj sobi, u kući od mrke cigle na Lajms grouvu. Razbacana po podu, poput otpada koji je na obalu izbacilo more, ležala je garderoba dugokosih sijamaca. Kili se igrao škripuckajući duguljastim makazama, dok je Diša nervozno prstima prebirao po podlaktici, oponašajući soliranje na električnoj gitari.

„Lepo si nas sjebao“, reče nervozno Diša. „Na računu imam još čet'risto dva'est funti, i nakon toga možemo samo na Pikadili, da prodajemo bulju pederima. A lendlejdi se ponovo raspitivala za kiriju. Ni trzalicu neću uspeti da kupim dok nas ne najure.“ Kili je ćutao, odbijajući kolutove dima ka tavanici – u to vreme pušenje u zatvorenim prostorijama u Engleskoj još uvek nije bilo kažnjavano smrću.

„Stanite malo“, rekoh pomirljivo. „Svađa će samo ubrzati gospođu Mardž da vam dâ otkaz. Moramo pronaći posao koji bi barem jedan od vas mogao privremeno radi.“

Posle nekoliko trenutaka tišine, prionuli smo na kopanje po nedozrelim biografijama dvojice muzičara. Bilo je odmah jasno da većina otpada jer Kili nije znao ni reč engleskog, dok je Diša natucao uobičajene fraze, koje su mu u najboljem slučaju mogle pomoći da pronađe izlaz iz zgrade u plamenu. Zbog toga, naizgled logičan izbor – muziciranje u nekom od restorana ili barem podzemnom prolazu, nije dolazio u obzir. Kili je imao dobar glas, ali ga je puštao samo na maternjem jeziku, dok je Diša, inače odličan gitarista i poznavalac nekoliko desetina reči pokupljenih po američkim vesternima, kao pevač bio neupotrebljiv. Usled nedostatka instrumenata, čija kupovina u takvim okolnostima nije mogla biti uklopljena ni u najoptimističniju petoletku čupavog dvojca, ni instrumentali nisu mogli biti rešenje.

„Prestani da zveckaš tim makazama!“, uzviknu Diša izbečivši se na Kilija. „Nervira me sve ovo, a ti mi još tim štrickanjem skačeš po ganglijama.“

„Odakle ti to?“, upitah zagledan u Kilijeve ruke.

„Frizerske štrickalice?“, upita Kili.

„Da.“

„Ma… uvek ih nosim sa sobom“, reče on. „Završio sam srednju za brice.“

„Za negu lepote“, zajedljivo dobaci Diša. „Što ne kažeš da su ti drugari u školi bili pedikiri?“

Lice mi se spontano razvuklo u kez. „To je to!“, povikao sam dok su me momci gledali u čudu. Dok smo gubili vreme s pranjem kola i bebisitovanjem, Kili je u rukama imao zlata vredan zanat. „Čoveče, ti si frizer!“, uzviknuo sam. „To što ne znaš jezik nije bitno. Klimaćeš glavom, a na osnovu gestikulacije i izraza lica, razumećeš kako treba da ih šišaš. Samo da nađemo salon!“

Bili su toliko umorni i bezvoljni da su ovakvu ludost prihvatili bez previše opiranja. Iz očaja su poverovali da znam šta radim.

Narednih nekoliko dana potucali smo se od jednog do drugog frizerskog salona. Ubeđivao sam Induse, Afrikance, Pakistance i Poljake (od kojih me je jedan opsovao na srpskom) da Kiliju pruže šansu. Čini mi se da je svaki vlasnik frizerskog salona od Vajtsitija do Hamersmita čuo za Kilijevu biografiju. Međutim, Kili i njegove duguljaste frizerske makaze kao da nikome nisu bili potrebni.

I onda, kada smo već pomišljali da odustanemo, kada je i sam Kili predložio da odu u Krojdon i povuku papire priznajući da nemaju novca za još jednu turu čekanja, pojavio se naš spasilac. Sitni proćelavi Egipćanin, vlasnik malene berbernice na Goldhouk roudu, bio je spreman da Kiliju pruži šansu, pod jednim uslovom. Bilo je potrebno da dovede nekog svog, na kome bi pre dobijanja posla demonstrirao frizersko umeće.

„Ne dolazi u obzir!" Diša je odlučnim korakom odmicao niz ulicu, dok ga je u stopu pratio zajapureni Kili. „Da li si pri sebi?"

„Idemo kod Turčina", rekoh predlažući da novonastalu situaciju razmotrimo u malenom ćumezu na ćošku, u kom smo redovno proždirali doner kebab. Uz koka-kolu iz kartonskih čaša punih leda, pokušavao sam da ih obojicu urazumim.

„Mislim da nemamo bolju soluciju", nastavio sam posmatrajući Dišu, koji je, naslućujući epilog, grozničavo uvrtao pramenove kose. „Za manje od dve nedelje, bićete švorc. Sve što nakupimo po komšiluku i dobijemo od Kola srpskih sestara, produžiće agoniju za još najviše mesec dana. Moramo da pokušamo. Da već nisam olindran na keca, ponudio bih da ja budem zamorče. Ovako..."

Diša je duvao kroz nos.

„Cak, cak…“, cerio se Kili, pokretima prstiju simulirajući makaze. Na neki samo njemu znani način, pokušavao je da bude konstruktivan.

Diša frknu i opsova. Osetio sam da se lomi. „Izrašće nova…“, rekoh. „I Lenon se šišao… možeš i ti.“

„Napraviću ti talijanku“, dobaci Kili. „Svideće ti se.“

„Puši ga!“, besno odbrusi Diša. Nekoliko trenutaka pogled mu je lutao po ringišpilu od naslagane govedine, koju je Turčin oblikovao dugačkim noževima.

„OK…“, progovori odjednom. „Zakaži šišanje… Rekli smo da smo tim.“

Kompletno osoblje frizeraja bilo je načičkano oko Diše, koji je grčevito stiskao rukohvate glomazne električne stolice. Najvažniji ispit u životu Kili je polagao pred vlasnikom, ali i dvoje njegovih radnika – ženom i jednom dokonom mušterijom, koja je između redova *Gardijana* bacala pogled na bizarni performans.

Kada je prvi pramen kose bešumno skliznuo na pločice, u ogledalu sam uhvatio bolnu Dišinu grimasu. Činilo se da mu, umesto vlasi, Kili preseca tetive, palčeve i arterije. Sa svakim novim cikom makaza, Dišino lice postajalo je nekoliko meseci starije. Kao da je zajedno sa isfeniranim pramenovima po uglačanom podu salona razvejavana njegova snaga, kopneo njegov šarm i poništavano sve zbog čega je verovao da je zapravo vredelo živeti.

„Dobio si posao, momče!“, uzviknuo je srdačno Egipćanin, kada se nakon tridesetak minuta na Dišinoj glavi zavijorila italijanka. Zagrlio sam Kilija. Bio je mokar kao da je upravo izašao iz bazena. Diša je bez reči posmatrao svoj novi friz. Nije rekao ni reč. Samo je zamolio pomoćnog radnika da mu četkom skine preostale dlake sa vrata. Pre nego što je Egipćanin dugačkom metlom očistio pod, ošišani Samson je sa poda uzeo najduži preostali pramen, hitro ga smotavši u džep.

„Uspeli smo!“, dreknuo sam kada smo izašli na ulicu.

Kili je zagrlio Dišu, po prvi put dodirnuvši mu rukom otkriveni vrat, na kojem je još uvek bilo zaostalih dlačica. Diša je koračao teško, kao bez gaća.

Narednog jutra smo se svi probudili rano. Pili smo kafu, Kili je pušio, Diša je povremeno i dalje pipkao stepenasto ošišani potiljak. Davali smo Kiliju poslednje instrukcije, učeći ga uobičajenim izrazima koji bi mu prvog radnog dana mogli zatrebati pri susretu s mušterijama.

„Jebote, šta sam uradio za tebe...“, reče iznenada Diša. „Pitam se da li bi i ti učinio isto da je situacija bila drugačija.“

Kili se nasmeja. „Jedi govna! Zar si zaboravio da smo tim?“ Nevešto skrivajući tremu, ali i ponos zbog prvog radnog dana na pravom poslu, hrabro je zakoračio ka Goldhouk roudu i Egipćaninovom salonu.

Čitavog prepodneva nestrpljivo samo ga čekali u obližnjem pabu. Posle mnogo vremena, cevčili smo ginis i predosećali da dolaze bolji dani.

No, baš u trenutku kada sam hrabro predložio Diši da popijemo još jednu turu i tako ubijemo vreme preostalo do bricinog povratka, Kili se poput utvare pojavio na vratima. Bez reči je seo kraj nas sa izrazom lica koji je slutio na nevolju. Isprva nije odgovarao na pitanja. Ćutao je, odbijao kolutove dima i samo se, na sebi svojstven način, gorko osmehivao.

„Sjebao sam nekog klinca", reče iznenada dok mu se lice razvlačilo u bizarni kez. „Nisam razumeo nijednu reč koju je izgovorila keva i... nisam skapirao kakvu frizuru hoće."

Zurili smo u njega bez reči. Diša je nešto zaustio, ali se ubrzo namrštio.

„Ošišao sam ga na talijanku", nastavi neveselo Kili. „Popizdela je... Cak, cak..."

„Pa gde ti talijanka pade na pamet?", upitah zbunjeno. „To ovde niko ne nosi!"

„Jebiga, ja samo talijanku i znam da šišam. Ali imamo dvadeset funti. *Twenty pounds!*", uzviknu Kili veselo. „Smislićemo već nešto! Mislio sam da probam sa kerovima... Njihove keve su valjda pristojnije od ovih babetina."

Diša se namršti i pramenove s čela skloni u stranu.

Posmatrao sam Dišu i Kilija kako ponovo spojeni kao dve strane novčića i nogavice istih pantalona odlaze niz Goldhouk roud. Više nisu bili toliko slični jer je Diša sada iz daljine podsećao na šminkera, dok je Kili i dalje odavao utisak okorelog metalca. Pa ipak, znao sam da će i ubuduće biti moguće razumeti ih isključivo u paru. Zato me nije iznenadilo kada sam iste večeri, svrativši da ih oraspoložim, na Dišinom licu umesto brige video osmeh. U visoko podignutoj ruci držao je kolekcionarski dragulj – Van Halenovu trzalicu *Edi*.

„Kreten ju je od prve i poslednje plate kupio jer zna koliko mi znači. Spičio je sve na trzalicu. Je l' shvataš sa kakvom budalom ja živim?"

Kili se zadovoljno smešio. „Rekli smo da smo tim", reče i zapali poslednju cigaretu, kupljenu na komad na Portobelo marketu.

Susret

Sreo sam sinoć svoju profesorku književnosti. Isprva nisam shvatio da je to ona. Padao je prvi mrak i izdaleka sam video samo staricu u pohabanom muškom kaputu boje pepela kako grozničavo tumara između parkiranih automobila. Činilo se da pogledom traži izgubljenu cedulju ili novčić. Međutim, približavajući joj se, postajao sam sve uvereniji da je to ona. Visoko čelo i izražen nos, koščate ruke i zauvek čvrsto vezana punđa… Vera Stanisavljević! Prepoznao sam i taj korak kojim je odlučno prilazila poslednjoj klupi: „Šta nam to poručuje Voland kada kaže da rukopisi ne gore, Martiću?" Na tren sam osetio miris dvorišnih kestenova, koji se provlačio kroz prozore, i video sebe kako ćutim. Nije bilo sumnje!

Trebalo je da joj odmah priđem i kažem: „Ja sam taj i taj, gospođo profesorka, sećate li me se? Uvek nedovoljno udubljen, ali vešt u gradnji priče, naročito kada je tema slobodna. Izražajan i nekako impulsivno emotivan, kako ste umeli da napišete na kraju teksta crvenom olovkom." Setila bi se sigurno. Trebalo je možda odmah izvaditi vizitkartu i pohvaliti se mestom pomoćnika ministra u resoru za telekomunikacije, pokazati slike dece i istaći prošlogodišnju

Svetosavsku nagradu za doprinos demokratiji. Još kada smo bili na nekoliko koraka jedno od drugog, trebalo je viknuti: „Uspeli smo, profesorka! I mi, na koje ste najmanje računali, postali smo ljudi! Postali smo nešto!"

Pa ipak, kao i obično u njenom prisustvu, spetljao sam se. Bilo mi je nekako neugodno, jednako kao i onda kada me je prozvala i tražila da tamo, pred svima, analiziram uzroke prezira Nastasje Filipovne. „Slabo je to, Martiću! Slabo!" Predugo sam stajao zureći u njene cipele oko kojih je, nošeno košavom, plesalo lišće. I kao i obično, Vera Stanisavljević me je preduhitrila. Dok sam smišljao šta da kažem, dok sam se dovijao tražeći način koji će najbolje prekinuti ćutanje, ona je prišla meni:

„Imate li nešto sitno, gospodine?", upitala je jedva čujno i samrtnički pokorno. „Nešto sasvim sitno, što nećete ni primetiti da vam nedostaje?"

Ustreljen njenim rečima, isprva nisam bio siguran da sam ih razumeo. Videvši moju zbunjenost, profesorka, čije su oči sada jasno zurile s maturske fotografije, ponovila je odlučnije:

„Nešto sitno, ako vam nije problem… Značilo bi…"

Pokušao sam, nije da nisam, da tada izgovorim nešto smisleno. Međutim, jedino čega sam uspeo da se setim stalo je u reči:

„Dozvolite mi da vas povedem na ručak, profesorka. Bila bi mi čast! Ja sam…", zastao sam, ni sam ne znam zašto. „Zadnja klupa do prozora… Četvrto tri…"

Oborila je pogled i ponovo je izgledala kao da traži nešto, tamo između kesa sa hranom za pse, okačenih na ivice kontejnera.

„Vi ste…", zaustila je.

Pomislio sam da me je konačno prepoznala. „Ja sam…", zaustio sam u želji da joj pomognem.

„Pomešali ste me s nekim, gospodine...", prekinula je još jednom moju neodlučnost. „Nisam ja profesorka... Nikada nisam bila profesorka... Ja sam samo..."

Na trenutak, kada je njen glas utihnuo, poželeo sam da je probudim, da je podsetim na Jelenino recitovanje Prevera, posle kojeg je plakala, na Crnjanskog kojeg nam je krišom čitala tvrdeći da je veći od Andrića, na Majakovskog, Jesenjina... Hteo sam da joj kažem da me ne može tako prevariti, jer sam joj verovao kada je govorila da ćemo, ako budemo samo dovoljno želeli, uspeti u svemu, da prvi put u njenom prisustvu možda i podviknem, da opsujem... Pa ipak, ona me je i tada preduhitrila...

„A ko ste vi, gospodine? Hoćete li mi reći ko ste vi?"

Stajao sam tako, na onoj košavi, gledajući čas u naše cipele, oko kojih je, nošeno vetrom, plesalo smeće, čas u sopstvene prste, koji su neodlučno kretali ka novčaniku, zastajući na rubu revera, stajao sam želeći da joj kažem da sam samo zbog nje pročitao *Uliksa* i da ne može tek tako da ode, da ništa nije važno i da sve to svakom od nas može da se dogodi, i onda sam najpre neodlučno, a onda sve jasnije, izgovorio:

„Ja sam niko, gospođo... Oprostite što sam vas uznemirio misleći da je drugačije... Ali ja sam, zapravo, niko..."

Sadržaj

U IME NARODA

NOVE PRIČE

Miodrag Majić
U IME NARODA I NOVE PRIČE
2023.
I izdanje

Za izdavača
Miroslav Josipović
Nenad Atanasković
Saša Petković

Izvršni urednik
Tamara Petković

Urednik
Marija Radić

Lektura / Korektura
Igor Stanojević / Vulkan izdavaštvo

Dizajn korica / Prelom
Slobodan Stojičić / Tamara Jeličić

Agent
Aleksandra Delić
mmajicbooks@gmail.com

Štampa
Vulkan štamparija
Vojvode Stepe 643a, Beograd

Izdavač
Vulkan izdavaštvo d.o.o.
Gospodara Vučića 245, Beograd
office@vulkani.rs
www.vulkani.rs

Tiraž: 2.000 primeraka

CIP – KATALOGIZACIJA U PUBLIKACIJI
dostupna je u Narodnoj biblioteci Srbije, Beograd

COBISS.SR-ID 124208649